La Pucelle d'Orléans

Frédéric Henning

Writat

Cette édition parue en 2023

ISBN : 9789358812657

Publié par
Writat
email : info@writat.com

Contenu

Préface

L'histoire de la vie de Jeanne d'Arc, telle que racontée dans ce volume, suit de près les faits historiques ainsi que les documents officiels relatifs à son procès et à son incendie pour « hérésie, rechute, apostasie et idolâtrie ». Il se divise naturellement en deux parties. D'abord, la vie pastorale simple de la bergère de Domremy , qui est joliment représentée ; les visions de ses saints préférés ; les voix célestes qui lui commandèrent de lever le siège anglais d'Orléans et de couronner le Dauphin ; ses adieux touchants à sa maison; et, deuxièmement, le rôle qu'elle a joué en tant que Pucelle d'Orléans dans les événements émouvants du champ de bataille ; les victoires qu'elle remporta sur les Anglais et leurs alliés bourguignons ; la levée du siège ; le couronnement de l'ingrat dauphin à Reims ; son erreur fatale en restant à son service une fois sa mission accomplie ; sa capture à Compiègne ; sa tristement célèbre vente aux Anglais par la Bourgogne ; son procès plus infâme par le corrompu et exécrable Cauchon ; et son cruel martyre sur le bûcher. Une autre histoire, l'enlèvement de Marie de Chafleur , son sauvetage par Jean Renault et leur bonheur final, est étroitement liée au mouvement de l'histoire principale et sert à alléger les derniers chapitres. Cet épisode est une pure romance de nature passionnante ; mais la vie de la Pucelle d'Orléans est un tableau historique remarquablement fidèle, d'autant plus vivant que les personnages sont réels. À cet égard, il ressemble à presque tous les volumes des nombreuses « bibliothèques pour la jeunesse » allemandes. Ce sont des histoires de vies réelles, racontées de manière concise, charmante et honnête, et adhérant si étroitement aux faits que le lecteur forme comme une connaissance personnelle intime des personnages qu'ils présentent.

GPU

CHICAGO, 1904.

Chapitre I
L'arbre à fées

Tandis que le voyageur , descendant la vallée de Neufchâteau , s'approche du village de Domremy , [1] il apercevra à sa droite, sur une éminence de la chaîne de collines la plus proche, un châtaignier majestueux, dont les branches inférieures sont ornées de couronnes de fleurs, certaines frais, un peu décoloré. S'il ne craint pas un peu de fatigue et grimpe jusqu'à cet endroit, il sera largement récompensé de ses efforts. L'arbre à lui seul est une compensation suffisante à ses efforts, car qui ne contemple avec admiration une telle œuvre de la nature ? Qui n'écoute pas avec ravissement le doux bruissement de ses feuilles et ne trouve pas le repos dans son ombre fraîche ? Mais cet arbre exerce un attrait encore plus fort pour ceux qui croient à son histoire. Souvent, au crépuscule, ils voient des esprits joyeux danser autour de lui avec des visages joyeux, et le doux bruissement de ses feuilles, disent-ils, est un murmure céleste, car il leur est donné de comprendre la parole céleste.

Cet arbre est « l'arbre des fées ». [2]

Les perspectives depuis cet endroit récompenseront encore davantage le voyageur . Une belle vallée s'étend devant lui, limitée de chaque côté par les hauteurs forestières de l'Argonne et des Ardennes, entre lesquelles la Meuse [3] serpente son chemin argenté. De nombreux villages parsèment ces hauteurs et sont disséminés çà et là le long des bas pâturages. Au nord et au sud brillent les tours de Neufchâteau et de Vaucouleurs . [4] Le plus proche et en même temps le plus agréable de ces villages est Domremy , dont les chaumières, entourées de verdure, se regroupent autour de la petite église de Sainte-Marguerite. De nombreux troupeaux de bovins et de moutons se nourrissent dans les pâturages entre des champs luxuriants de cultures en croissance. En regardant en arrière, le regard aperçoit les sombres cimes du Bois de Chêne [5] , et au carrefour qui y mène se dresse la chapelle Sainte-Catherine.

Entre la chapelle et l'Arbre aux Fées, et un peu plus près de ce dernier, scintille une source bouillonnante dont les vertus curatives étaient crues autrefois par ceux de foi pieuse.

La scène apparaît ainsi sous un ciel agréable. Mais lorsque la température change brusquement et que l'air froid s'engouffre dans la vallée, ses brumes sont chassées et dispersées parmi les défilés montagneux. Dans ces moments-là, les villageois superstitieux croient voir les fées danser autour de l'arbre, et même les saints du ciel dans les formes ondulantes de la brume.

Parmi les lieux mystérieux qui ont investi le quartier de Domremy de tant de renommée et de caractère sacré, le Bois de Chêne n'est pas le moins célèbre. On ne peut pénétrer dans ses sombres recoins sans ce sentiment particulier de crainte qu'inspire un vagabond solitaire en présence des grandeurs de la nature, sentiment qui remplit inévitablement l'esprit d'une personne superstitieuse d'une gamme ahurissante d'imaginations surnaturelles. C'est de cette forêt même que Merlin le sorcier prédit que viendrait le libérateur de la France.

Pensez à un enfant de nature susceptible et fantaisiste, nourri de contes enfantins pleins de superstitions, à un enfant passionné de rêveries solitaires et d'appels fervents aux saints, grandissant dans un tel environnement ! Est-il remarquable qu'une telle enfant voie des merveilles sur la terre et dans les airs, et les saints eux-mêmes sous forme d'image corporelle, et qu'elle entende leurs voix et écoute dévotement la musique angélique dans les régions célestes ?

Une enfant comme celle-ci était assise sous l'arbre aux fées par un beau matin de printemps de l'année 1424. [6] Elle était une jeune fille de douze ans et gardait un petit troupeau de moutons paissant à flanc de colline. Même un observateur occasionnel aurait remarqué son apparence frappante, car tandis que les autres filles gambadaient dans la prairie en dessous d'elle, elle était assise, appuyée contre l'arbre, le regard fixe dans le vide et pensant évidemment à autre chose que la danse, le sport et les troupeaux. . En regardant de plus près son joli visage ovale et en observant ses teintes transparentes et ses traits délicats, la question se poserait immédiatement : comment une créature aussi légère et éthérée est-elle arrivée parmi les enfants des paysans ? Ces yeux merveilleux ne révélaient pas seulement l'inconscience du visionnaire et le ravissement de la contemplation surnaturelle. Ils étaient des miroirs clairs du cœur, reflétant ses recoins et ses profondeurs les plus intimes. Ce cœur était le cœur d'un ange, le cœur d'une enfant si innocente qu'il était impossible de ne pas l'aimer et de sympathiser avec elle.

Alors qu'elle était assise là, une volée de petits oiseaux s'envolèrent vers l'arbre, remplissant l'air de la musique de leurs chants. Apparemment , elle ne les remarqua pas, car elle ne bougea ni ne changea l'expression de son visage. Ils descendirent de l'arbre et sautillèrent autour de la rêveuse, s'approchant d'elle de plus en plus près, jusqu'à ce qu'enfin certains d'entre eux s'allument sur sa tête et son épaule. Maintenant, pour la première fois, elle était consciente de ses petits invités.

"Ah!" s'exclama-t-elle d'une voix douce et mélodieuse. "Vous êtes ici et je ne le savais pas." Elle ouvrit vivement un petit panier posé près d'elle, répandit quelques miettes sur le sol et observa avec un plaisir enfantin la vivacité de ses minuscules compagnons. Son plaisir, cependant, fut bientôt gâché par un individu impertinent et envieux dans la petite foule, qui picorait son voisin. Gazouillant tristement, la victime vola jusqu'aux pieds de la jeune fille.

"Hélas! Hélas! pauvre petit oiseau ! s'exclama-t-elle, les larmes lui montant aux yeux. Elle prit le petit bonhomme sur ses genoux et le caressa. « Attends, maintenant, loup envieux », dit-elle en s'adressant au délinquant. « N'ai-je pas assez dispersé des miettes pour vous tous ? Et ne saviez-vous pas que j'aurais doublé le montant si cela n'avait pas suffi ? Vous méritez d'être puni pour votre cupidité. Maintenant, vous allez voir comment ce pauvre petit garçon se comportera bien à sa propre table. Là-dessus, elle remplit ses genoux du panier, et le petit mangea avec délectation, tandis que le « loup » n'était pas autorisé à s'approcher de la table, bien qu'il le souhaitait. Soudain, le troupeau se leva et vola vers les branches de l'arbre, manifestement alarmé. Ses moutons, qui paissaient en dessous d'elle, gravirent la colline aussi vite qu'ils le purent et se serraient les uns contre les autres.

"Quel est le problème?" s'écria la jeune fille en jetant un rapide coup d'œil au troupeau volant. « Qu'est-ce qui vous a poussé à quitter le pré avec une telle frayeur ? Sainte Catherine ! le loup cruel doit se cacher à la lisière du bois.

Elle se releva vivement, saisit sa houlette et s'enfuit vers le Bois de Chêne , où un loup l' guettait en réalité . Celui qui l'aurait vue alors aurait à peine reconnu la douce jeune fille, rêveuse de l'instant d'avant, dans cette héroïne résolue, aux yeux brillants de courage. Merveilleux à raconter, la bête s'est enfuie d'elle. Pendant un instant, il s'accroupit, prêt à bondir sur elle, puis s'enfuit dans la forêt. Alors la petite héroïne se rendit à la chapelle voisine, s'agenouilla devant l'image de sainte Catherine et épancha la reconnaissance de son cœur en de longues et ferventes prières. C'était sa croyance enfantine que son saint patron avait accompli un miracle. Elle ne savait pas que les bêtes des bois peuvent être intimidées par la fermeté et le courage du regard d'une personne intrépide, et que même le lion lui-même n'attaquera pas une telle personne à moins qu'elle ne soit dans une frénésie de rage.

Alors que la petite quittait la chapelle, l'illumination spirituelle qui irradiait son visage lorsqu'elle rêvait sous l'arbre aux fées brillait à nouveau dans ses beaux yeux. Son itinéraire la conduisit à la source miraculeuse. [7] Le vert frais des buissons et du gazon la séduisait. Elle se jeta à terre et fut bientôt bercée par le doux clapotis de l'eau dans de douces fantaisies. Pendant longtemps, elle ne remarqua pas qu'elle avait des compagnons venus là pour boire, une biche et des faons, qui s'approchaient sans crainte et buvaient l'eau claire sans être dérangée. Après avoir étanché leur soif, les faons regardaient le rêveur avec leurs petits yeux intelligents comme s'ils attendaient la reconnaissance amicale d'une vieille connaissance. Ne le recevant pas, ils s'ébattaient joyeusement autour d'elle. Soudain, la charmante scène fut interrompue. Les animaux relevèrent la tête, écoutèrent attentivement, puis, comme sur un mot d'ordre, galopèrent vers la forêt. Une bande de bergères simples, joyeuses et hâlées par le soleil accoururent vers elle depuis le pré.

« Jeanne, Jeanne, s'écria l'un d'eux, où es-tu ?

La jeune fille se leva.

« Aha ! » dit celle qui vient de parler, elle a encore écouté les murmures de la source. Voyez comme ses yeux brillent merveilleusement ! »

À cela, tous s'approchèrent et regardèrent avec une sorte de crainte l'étrange jeune fille.

"Eh bien, que souhaites-tu?" dit doucement Jeanne.

« Nous avons fait un pari », a répondu l'ancien orateur. «Regarde cette belle couronne, Joan. Après l'avoir tissé, nous avons décidé qu'il irait au vainqueur d'une course vers l'arbre aux fées. Agnès se vantait que ce serait le sien. Margot était tout aussi sûre de gagner. «Ah!» dis-je ; « Si seulement Joan était là, tu ne parlerais pas de cette façon ! 'Et pourquoi pas?' dit Agnès. « Parce que, dis-je, sainte Catherine l'aide toujours. "Oh", intervint Margot, "je retrouverai Joan et elle aussi courra." Puis j'ai dit : « Nous allons tous rechercher Joan. « Oui, criaient tous, trouvons Joan ! » Et nous voici. Voici la couronne et là l'arbre aux fées. Veux-tu courir ?

Jeanne ne répondit rien. Elle resta absorbée dans la dévotion et pria : « Sainte Catherine, donne-moi la victoire, non pour moi, mais pour ton honneur. »

"Joan, tu ne nous entends pas?"

"Oui je suis prête."

Joyeusement, les jeunes filles formèrent une ligne. « Un, deux, trois », compta une voix claire, et tous coururent vers le flanc de la colline. En quelques secondes, la file zigzagait, avec Agnès, Margot et Joan en tête. La plupart des autres abandonnèrent la course et suivirent lentement, observant les trois avec impatience. Mais bientôt ils remarquèrent qu'il y en avait un en tête, car les deux autres avaient sensiblement reculé.

« Ne vous ai-je pas dit que Joan gagnerait ? dit celui qui avait parlé le premier.

« Mais il y a de la sorcellerie là-dedans », dit sa voisine. « Regardez-la, regardez ! Sainte Marguerite ! Ses pieds ne touchent pas le sol.

«C'est vrai», disaient tous en se signant. "Elle vole dans les airs."

C'était vraiment comme si Joan volait. La brume, le crépuscule rapide et la distance créaient une telle illusion oculaire que tout spectateur superstitieux aurait juré qu'elle volait. Tous se précipitèrent vers l'arbre sous les branches duquel le vainqueur n'était pas debout, mais dévotement agenouillé. La foule joyeuse l'entourait, et aucun sentiment d'envie n'obscurcissait leur joie lorsqu'ils déposèrent la couronne sur sa belle tête. Comme la nuit approchait à grands pas, les filles rentrèrent chez elles avec les troupeaux. Ils étaient tous originaires du village de Domremy .

Jeanne retrouve Jacques, son père, Pierre, son frère et Duram Laxart , son oncle, a engagé une conversation sérieuse avec un inconnu sur la place devant l'église. Quelques mots qu'elle a entendus ont éveillé sa curiosité, elle s'est approchée du groupe et a écouté.

«Je vous demande de vous repentir», dit l'étranger, «de peur que la colère du ciel ne s'abatte sur vous, car tous les malheurs de ce pays sont des châtiments divins pour les péchés de la cour et des parents du roi.»

"Oh, oh, saint-père", dit l'un d'eux, "ce serait très triste."

« Que veux-tu dire par là, mon fils ?

"Je veux dire qu'il serait très triste que le Ciel punisse de pauvres gens qui n'ont rien fait de mal, pour les méfaits de la Cour."

« Rentre chez toi, fils de Bélial, qui doutes de ce que l'Esprit te révèle par mes lèvres. Enferme-toi dans ta chambre, et répète trois fois sept paternosters, afin que ton âme soit libérée des liens du doute, car le doute est l'ouvrage du diable, qui étend déjà ses griffes pour te saisir.

"Mais, saint-père..."

« Tais-toi, Gamoche », intervint un autre villageois. «N'interrompez pas le saint-père. Il nous expliquera tout.

«Oui, oui», criaient les autres, «il vous expliquera tout.»

— Eh bien, écoutez-moi, mes enfants, reprit l'inconnu. « Mais, sainte Mère de Dieu, par où commencer ? La liste des péchés de cette Cour est si longue que si je devais remonter un siècle en arrière, ce ne serait même pas le début. Je me limiterai aux plus récents, qui doivent vous être plus ou moins familiers. Avez-vous entendu parler du dernier roi, Charles VI ? [8]

« Pourquoi n'aurions-nous pas dû entendre ? Il est mort fou il y a seulement deux ans.

« Oui, c'est fou. Il eut quelques instants de lucidité après 1392, au cours desquels il reconnut dans une certaine mesure la prodigalité de l'administration. Toute la famille royale, à quelques exceptions près, se comportait comme si elle était folle. Il y avait d'abord la reine, la célèbre Isabelle de Bavière, qui était aussi étrangère à la noblesse de la nature humaine qu'à la divine. Chacun de ses objectifs et chacun de ses actes n'avait pas de motif plus élevé que la satisfaction de ses propres désirs et la découverte du moyen de les accomplir. Cela n'aurait pas eu d'importance si une mer de sang avait coulé, si seulement ses intérêts avaient été défendus. Il y avait le duc Louis d'Orléans, [9] frère du roi fou, qui se plia à la débauche et à la soif de pouvoir d'Isabelle, s'empara finalement des rênes de la souveraineté et plongea l'État dans la plus grande confusion. C'étaient les oncles du roi, les ducs de Bourbon, de Berry, de Bourgogne et d'Anjou, tous également avares et ambitieux de pouvoir, qui fouettaient le duc d'Orléans et le roi du fléau de la guerre, assassinaient leurs sujets et ravageaient le pays. Puis vinrent de nombreuses factions qui s'affrontèrent, une pour ceci, une pour cela, et enfin presque d'innombrables grands et petits seigneurs, barons voleurs, qui, feignant d' épouser la cause d'un parti, harcelèrent les districts des autres, laissant un traînée de pillage et de sang. Pour achever le fardeau de la misère, le roi Henri Quint envoya outre-Manche ses Anglais, ennemis héréditaires de la France. En alliance avec les ducs turbulents, notamment ceux de Bourgogne et de Bretagne, ils s'avancèrent victorieux, s'emparèrent des places les unes après les autres, et enfin même de Rouen et de Paris, de sorte qu'il restait peu de provinces au malheureux roi. Une confusion effroyable s'ensuivit lorsque ce roi mourut en 1422. Henri Quint, certes, mourut la même année, mais son maréchal, le duc de Bedford, tuteur du jeune Henri VI, [10] n'abandonna pas le terrain . Le fameux traité de Troyes lui a donné une apparence de droit.

« Comment ça, saint-père ? » intervint l'un des villageois.

«Tais-toi», répondit un autre. « Il fallait savoir que la reine Isabelle, par haine et par vengeance contre son plus jeune fils Charles, qui, après la mort de son frère le Dauphin, était prince héritier, conclut ce traité avec l'Angleterre par lequel la famille royale française était exclue du territoire. succession et le roi d'Angleterre fut déclaré successeur de Charles VI.

« Oh, quelle honte ! Oh, c'est dommage ! s'exclamèrent plusieurs.

« Et ce pauvre Dauphin, continua l'ancien orateur, a eu une jeunesse sans joie, dans laquelle sa mère dénaturée l'a souvent forcé, ainsi que son père, à souffrir les affres de la faim ; et pourtant, aussi pauvre, faible et sans trône qu'il soit, il est toujours prêt à lutter pour ce trône qui est son droit de naissance en tant que Charles VII. N'est-ce pas vrai, saint-père ?

"Certainement, certainement, pitié de Dieu", répondit l'étranger. « Il doit gouverner de son propre chef et de droit divin. Le traité de Troyes ne peut l'empêcher. Mais où est le héros qui le mènera au sacre à Reims ? Hélas, seule une intervention miraculeuse peut le sauver de la ruine.

« Sainte Catherine », soupira une voix douce.

« Jeanne ! » s'écria Jacques en reconnaissant sa fille, que fais-tu ici ? Rentrer chez soi."

— Pas encore, père Jacques, dit l'inconnu. « Laissez-la rester. Ne savez-vous pas que les prières d'un cœur d'enfant pur sont entendues par les chers saints ? Et, ajouta-t-il, je n'ai jamais vu des yeux aussi pleins d'innocence et de piété que les siens.

"Ah!" répondit Jacques, à quoi servent les prières d'un enfant quand tout le pays est impuissant ?

« Etes-vous aussi un incroyant ? répondit l'inconnu. « Ne savez-vous pas que le grand Dieu peut se manifester dans un petit enfant ?

Ce furent les derniers mots de la conversation que Jeanne entendit. Elle a soudainement disparu, mais elle n'est pas rentrée chez elle. Elle se dirigca vers l'église, qui était toujours ouverte. Jamais son cœur n'avait été si troublé et rempli d'étranges désirs, jamais elle n'avait été si puissamment poussée à communier avec sa sainte. Ce n'était pas tant le désir de faire une offrande votive de sa couronne que la douleur indicible de la patrie et le sort misérable du pauvre Dauphin qui la poussèrent vers ce lieu sacré. Et était-ce étrange ? Si sa nature sympathique lui faisait verser des larmes sur la légère souffrance d'un oiseau, combien plus cela la forcerait-elle à pleurer sur le récit du malheur universel qu'elle venait d'entendre ! Pourquoi le courage avec lequel elle avait défendu ses brebis contre le loup ne se manifesterait-il pas maintenant avec encore plus de détermination ? Et pourquoi ne devrait-elle pas croire en son âme que son saint préféré accomplirait un miracle de sauvetage ?

"Oh, si j'étais seulement un homme !" elle soupira du fond de son cœur. « Oh , si je pouvais revêtir mes membres d'une armure et manier l'épée pour le droit ! Je ne demanderais rien de mieux dans la vie. Aucun sacrifice ne serait trop grand pour y parvenir. Alors, sûrement, les saints bien-aimés ne refuseraient pas de m'aider.

C'est dans cet esprit qu'elle entra dans la maison sacrée. C'était vide. Les ombres du soir, mêlées aux nuages de fumée d'encens qui persistaient encore dans l'église, étaient intensifiées par la faible lumière d'une petite lampe. Elle frémit d'une crainte sacrée alors qu'elle avançait dans l'obscurité mystérieuse. Dans son humeur exaltée, il lui sembla que sainte Catherine souriait, tandis que d'une main tremblante elle déposait la couronne sur son autel. Dans des transports de chagrin et de gratitude, de confiance divine et d'un désir irrésistible d'action, elle s'agenouilla devant l'autel et son âme monta vers les demeures célestes. Elle ne connaissait aucune prière, à l'exception du Notre Père, du Credo et de l'Ave Maria, mais plus elle les répétait, plus elle était spirituellement absorbée.

Ainsi peu à peu elle sombrait dans cette espèce d'extase où les fonctions spirituelles ordinaires sont suspendues et où ne subsistent que le sentiment sacré de la contemplation céleste et le libre jeu de l'imagination. C'est une condition qui ne diffère du rêve réel que par son danger, car il existe un danger que ce sentiment extatique, une fois éveillé, devienne réel et que son possesseur puisse voir des images illusoires de l'imagination. L'enthousiaste peut croire qu'il voit de vrais objets et qu'il entend de vraies voix. Il peut croire qu'il s'agit de messages venant du ciel, sans jamais se demander si de telles fantaisies résisteront à l'épreuve de la raison. À cause d'extases comme celles-ci, des actes ont été commis qui ont assombri la page de l'histoire d'une honte éternelle. Mais lorsque ces extases naissent d' idées morales exaltées, elles peuvent aboutir à des résultats qui dépassent de loin la simple force humaine et assurer une renommée impérissable à l'enthousiaste.

ainsi de ce simple enfant qui priait à l'autel. Dans son imagination extatique, elle vit le toit de l'église ouvert et ses saintes préférées, Catherine et Marguerite, flottant à travers les nuages d'encens. Elle les entendit dire : « Garde ton cœur pur, Jeanne, car le ciel t'a choisie pour championne de France. »

La vision a disparu. Le rêve était terminé. Mais à cet instant la carrière de cet enfant était déterminée. Elle fut ensuite la Pucelle d'Orléans.

Chapitre II
Le Dauphin et La Hire

Par la tempête d'un jour d'avril de l'an 1428, quatre ans après les événements relatés dans le chapitre précédent, un homme fut retenu chez lui au château de Chinon . [11] Son costume montrait qu'il était du plus haut rang, et l'appartement était également meublé dans un style de luxe princier. Cependant, comme il était évident que ces environs luxueux étaient les survivances d'une période plus ancienne, l'occupant actuel du château soit ne se souciait pas de les améliorer, soit n'avait pas les moyens de le faire. En fait, la médiocrité de son propre costume favorisait cette dernière conclusion. L'expression morose de son visage, qui n'avait que peu d'attrait, approfondissait cette impression. Rien dans tout cela n'indiquait une ambition plus élevée que la satisfaction de ses désirs physiques. Son apparence donnait l'impression qu'il avait au moins trente-cinq ans, alors qu'en réalité il n'en avait que vingt-six. Cet homme était le dauphin de France, plus tard le roi Charles VII.

Devant lui se tenait une jeune et belle femme dont le visage contrastait de façon frappante avec le sien. Une présence royale digne, des yeux brillants d'esprit et de résolution, une douceur et une gentillesse féminines , telles étaient les caractéristiques représentées dans son beau visage. Certaines de ses lignes indiquaient des troubles du cœur, mais son trouble actuel était d'une autre nature.

Cette dame était Marie d'Anjou, la fière épouse du Dauphin. Ils étaient tous deux debout, car dans l'excitation de leur conversation ils s'étaient visiblement levés de leur siège.

"Oh, cette misère!" elle gémit. « Belle France désolée ! Les luxueux champs de la Loire dévastés ! Les pauvres tués ou les fugitifs dans les forêts ! Citadins en servitude ou dans la peur continuelle d'un ennemi victorieux ! Et toi! Que fais-tu?"

"Comment je? Qui déplore tout cela plus que moi ? Qui doit en souffrir plus que moi ? Ne suis-je pas de plus en plus pauvre chaque jour à cause de cela ? J'ai peur de ne pas avoir même un dîner ordinaire aujourd'hui.

Il sonna précipitamment une cloche d'argent et un domestique entra. "Jacques, va chez le cuisinier et demande-lui ce qu'il a pour le dîner."

Le mépris et la profonde tristesse se lisaient sur le visage de Marie, mais elle maîtrisa rapidement sa colère. « Certes, mon mari, tu dois souffrir, dit-elle, mais quel genre de roi serait-il s'il ne ressentait pas mille fois les souffrances de son peuple ?

« Bah ! Je ressens ma pauvreté par-dessus tout.

« Mais quelle nécessité y a-t-il à votre pauvreté ? Ne savez-vous pas que votre pauvreté disparaîtra le jour où vous vaincrez l'ennemi ?

« J'ai vaincu l'ennemi ! Dieu aide moi! J'ai besoin des quelques mercenaires dont je dispose pour trouver de la nourriture pour la cuisine. Levez de nouvelles troupes ! Comment puis-je le faire? Le peu d'or qu'il y a dans mon trésor est déjà promis. J'ai vaincu l'ennemi ! Hahaha! ils détiennent déjà presque toute la France. La Hire [12] m'a dit aujourd'hui que le comte de Salisbury est devant Orléans et qu'il assiège la ville. Quand Orléans tombera, je devrai fuir d'ici. Et alors ? Je finirai par être un mendiant.

"Vous n'y parviendrez pas si vous prenez courage et rappelez-vous que lorsque la nécessité est la plus grande, l'aide divine est la plus proche, et qu'il est plus glorieux et plus digne d'un roi d'être vaincu au combat que d'être ruiné par une indolence sans gloire."

« Bah ! Je ne ferai ni l'un ni l'autre. Je vais vivre et m'amuser. Cela me compensera pour ce qui m'a manqué pendant les jours de faim de ma jeunesse. Je vais passer des accords avec les Anglais. Ils auront peut-être tout le reste s'ils me laissent le Languedoc. [13] Je peux y vivre d'une manière qui convient à mes revenus.

"Honte! honte! qu'est-ce que j'entends ? s'exclama Marie. « Êtes-vous un Valois ? Le sang royal coule-t-il dans vos veines ? Ne rougis-tu pas de prononcer de tels mots ? Oh, mon mari, fais tout ce que tu veux, mais sauve la France et moi d'une telle honte.

– Eh bien, tout n'est pas encore fini à Orléans.

"Mais même si cela tombe , et si tout semble perdu, même dans ce cas, ne concluez pas un accord aussi honteux."

Sur ces mots, la noble dame se retira. L'indignation morale de ses manières et de ses paroles parut faire quelque impression sur le Dauphin. Il enfouit son visage dans ses mains et était absorbé dans ses pensées, autant qu'il était capable de penser.

Pendant qu'ils étaient ainsi occupés, une porte d'arras s'ouvrit derrière lui, révélant la charmante petite tête bouclée d'une jeune fille de dix-huit ou dix-neuf ans. Personne n'aurait pu voir cette silhouette exquise se déplacer avec une grâce aussi facile et consommée sans avouer qu'il n'avait jamais vu auparavant une beauté aussi exquise et des manières aussi fascinantes. Son charme apparaissait non seulement dans sa belle silhouette, mais aussi dans l'expression gracieuse qui caractérisait sa personnalité et rayonnait de son visage.

Cette jeune fille était la célèbre Agnès Sorel, [14] la favorite de Charles VII, qui, comme le raconte l'histoire, se distinguait par sa tendresse féminine, et qui utilisait toujours son influence sur le roi dans un but noble et jamais à des fins personnelles.

Le Dauphin ne s'aperçut de sa présence que lorsqu'il sentit le léger contact de sa main sur son épaule. Sa vue avait un effet magique. Son visage s'éclaira et toute trace de découragement disparut.

« C'est toi, Agnès ? Maintenant, tout va bien.

"Qu'est-ce qui ne va pas?" » demanda-t-elle très tendrement.

« Marie est venue ici. Elle m'a fait mal à la tête et m'a presque coupé l'appétit. Mais-"

«Je sais tout», interrompit Agnès.

"Comment? Vous savez tout ? Qui aurait pu vous le dire ?

"Personne ne me l'a dit."

« Oh, vous avez écouté aux portes. Ah, ah !

"J'ai dû. Je ne pouvais pas revenir en arrière et, bien entendu, je n'étais pas autorisé à entrer.

« Hum ! Pas grave. Tout va bien, c'est pareil.

"Oh non, Votre Majesté."

"Comment? Que veux-tu dire?"

"Je partage l'anxiété et les ennuis de votre fière épouse."

"Absurdité! Vous ne devriez pas être dérangé.

« Par tous les saints, Votre Majesté, je serai inconsolable et malheureux si vous n'abandonnez pas votre décision. J'aurais honte de servir un prince qui peut si facilement renoncer à ses droits et à ses dignités.

« Eh bien, eh bien, je vais réfléchir à la question. Est-ce que cela vous satisfera ?

« Oh non, monsieur. Vous devez me promettre que vous ne repenserez plus à ce stratagème haineux. Ne le ferez-vous pas pour moi ? Là-dessus, elle pirouettait triomphalement et gracieusement dans l'appartement.

« Agnès, je retire ma parole », s'écria le Dauphin.

Cela la rendit d'autant plus heureuse, et elle continua sa danse en chantant cet accompagnement :

" Eio , eio , eio , non,

Il ne peut pas être roi

Qui ne tient pas parole !

Eio , eio , eio , O,

Celui-là, il n'est pas tel,

Non, non, non, oh, non.

Au dernier mot, elle disparut brusquement, car le bruit lourd des pas des hommes se faisait entendre dans l'antichambre. Cette interruption déplut au Dauphin, qui s'apprêtait à quitter la pièce, mais avant qu'il puisse le faire, les nouveaux arrivants se présentèrent à la porte. Le fait qu'il soit obligé de rester n'a fait qu'accroître son mécontentement. Les deux hommes, qu'il considérait avec une expression sinistre, étaient des hommes rudes et robustes, des hommes de la classe qui tiennent bon au combat et regardent la mort sans crainte dans les yeux, des chevaliers dans le vrai sens du terme.

« Alors reviens vite, mon brave La Hire ? dit Charles à l'un d'eux.

"Par Notre-Dame, Votre Majesté, jamais il n'y a eu plus besoin d'une action rapide et décisive que maintenant", fut sa réponse. « Je viens d'apprendre que le comte Salisbury a entièrement investi la ville d'Orléans. Même un chat ne peut en sortir et, dans quelques semaines, il sera en proie à la famine. Si nous ne les aidons pas , vous pouvez facilement voir… »

"Les aider à!" interrompit le Dauphin avec découragement. « Mon bon chevalier, combien d'argent pensez-vous qu'il y ait dans mon trésor ? Ha! Ha!"

« Le peuple veillera à ce que le trésor de son roi légitime soit rempli s'il a à son tour l'assurance qu'il prendra position pour le droit, pour son honneur et pour la patrie. »

« Et d'ici là, je suppose que je pourrai continuer ma cure de jeûne à laquelle ma mère m'a habitué. Vous ne le croirez pas, mon bon La Hire, mais c'est une triste vérité que mon cuisinier m'a prévenu qu'il n'avait à servir aujourd'hui qu'une paire de volailles et un quartier arrière de mouton. Et vous devez être invités comme invités à un banquet comme celui-là !

« Eh bien, Sire, tout va bien. Aujourd'hui, nous mangerons les volailles et le mouton ; demain nous chasserons les Anglais de leurs cuisines et nous nous assiérons à leurs tables.

« Mais comment allons-nous les chasser ? C'est impossible. Puis-je faire sortir des troupes du sol ?

"Oui, Sire , vous pouvez!"

Le Dauphin le regarda avec étonnement.

« Me prenez-vous pour un sorcier ? Ou voulez-vous dire que je suis en partenariat avec le diable ?

« La résolution et le courage, Sire, ont souvent fait des merveilles. Inscrivez-les aujourd'hui sur votre bannière, et demain elle ne flottera pas déserte. Il ralliera autour de lui ceux qui sont découragés ainsi que ceux qui pratiquent le métier des armes, et s'enrôleraient volontiers sous une telle bannière royale en échange d'une riche récompense. Il y a encore des hommes qui sont prêts à vous soutenir avec leurs bonnes épées. Voyez, voici mon fidèle ami Saintrailles , désignant son compagnon, et il n'est pas le seul à être prêt.

« De rien, brave chevalier », dit Charles. "C'est dommage que je ne puisse vous inviter qu'à vous asseoir devant deux volailles et un gigot de mouton."

« Sire, répondit Saintrailles , qui pouvait à peine retenir son indignation, je ne pensais pas à votre table lorsque j'ai suivi ici mon ami. Je pensais à votre misérable sort et à la patrie ensanglantée.

« Et pensez-vous que cela peut être aidé ? »

"Certainement, Sire, mais celui qui veut gagner doit s'aventurer."

« Oui, et en attendant, il risque aussi de perdre. Mais, par ma foi, je n'ai plus grand-chose à perdre.

« Mais d'autant plus pour gagner. L'âme courageuse ne pense qu'à gagner.

" Oh oui, vous parlez comme La Hire, et La Hire parle comme Marie, et Marie parle comme... mais si les Anglais me permettaient d'avoir le Languedoc comme duché indépendant, alors... "

Il ne termina pas sa phrase, car par la porte latérale entrouverte, il aperçut le doigt avertisseur d'Agnès Sorel. Puis il reprit :

« Je suis heureux que vous soyez venus, nobles chevaliers. Nous nous retrouverons autour d'une table et examinerons cette question plus en détail. Mais hélas! deux volailles et un gigot de mouton !

Le soir du même jour, alors que La Hire arrivait chez lui et déposait son armure, entra un jeune homme d'environ dix-huit ans. Sa silhouette forte et souple, son beau visage noble, ses yeux noirs perçants, son front haut sous ses cheveux noir de corbeau, ainsi que son attitude résolue et sûre d'elle, s'imposèrent sur le chevalier.

« Qui es-tu et que souhaites-tu ? » dit-il en regardant le jeune homme avec une évidente satisfaction.

« Mon nom, noble chevalier, vous est probablement inconnu », fut sa réponse. « Mon père, de mémoire bénie, me l'a cependant laissé intact. Je suis venu honorer ce nom sous votre bannière au service du roi en détresse et de la malheureuse patrie.

« Bien dit, jeune homme, et, par Notre-Dame, vous m'apparaissez comme quelqu'un qui sait se servir de son épée aussi bien que de sa langue. Nous étudierons la question.

« N'accepterez-vous pas mon service, noble monsieur ?

« Doucement, jeune homme. Pensez-vous que je confie l'honneur de ma bannière à tout individu anonyme ? Sortez avec votre nom.

"Je m'appelle Jean Renault."

« Renault ? Votre père était-il ce Thomas Renault tombé au service du duc d'Orléans, combattant les Anglais ?

"La même chose, noble monsieur."

« Alors mille fois bienvenue. Votre père était un brave chevalier et un noble gentleman. À partir d'aujourd'hui, vous servirez sous ma bannière et vous aurez de nombreuses occasions de gagner vos éperons de chevalerie. Là-dessus, il serra chaleureusement la main du jeune homme.

«Je vous remercie de votre confiance, noble monsieur», répondit le nouvel adhérent, les yeux radieux. "Je ferai tout mon possible pour justifier cette confiance, mais je ne sais pas encore ce que je peux faire pour gagner mes éperons de chevalier, en partie à cause de ma jeunesse et aussi, bien que ce ne soit pas une honte, en partie à cause de ma pauvreté."

"Pauvreté! Votre père avait des biens.

"Oui; mais c'était à Rouen, et il est tombé aux mains des Anglais.

« Eh bien, nous veillerons à ce qu'il vous soit rendu. Mais maintenant, dis-moi où tu as acquis ta formation.

"Sous mon père, à la suite duquel j'étais attaché pour la dernière fois."

– Alors vous avez aussi combattu contre les Anglais ?

"Oui, j'ai participé à la bataille au cours de laquelle mon père est tombé et le duc d'Orléans a été capturé."

"Alors tu es doublement le bienvenu, mon jeune ami", s'exclama chaleureusement le chevalier. "Je sais bien que je ne peux pas prendre la place de ton père, mais je ferai pour toi tout ce qu'un homme peut."

Accablé par tant de générosité, Jean porta à ses lèvres la main tendue du chevalier. Son cœur était trop plein pour les mots. La Hire comprit son silence et l'admira davantage. – Vous êtes du pays de Rouen et vous y connaissez ? reprit-il.

« Je connais tous les villages des environs, noble monsieur. Hélas! ils sont presque tous ruinés.

"Oui! Dieu et les saints ont pitié d'eux. Mais aussi, connaissez-vous l'évêque de Beauvais ?

« Certainement, je le connais. C'est son diocèse.

«C'est une chance. J'ai un message pour l'évêque, mais aucun messager connaissant cette région, ni assez rusé pour échapper aux Anglais. Je peux te faire confiance pour les deux ?

"Je suis prêt, noble monsieur, à condition que vous ne souhaitiez pas que j'agisse comme un espion."

« Pensez-vous, mon jeune ami, que je vous choisirais si j'avais besoin d'un espion ? Non, la mission que vous allez entreprendre n'a rien à voir avec la guerre. Cependant, je ne peux vous cacher le danger que comporte cette entreprise. L'évêque de Beauvais a la réputation d'aimer l'argent et de pencher pour les deux côtés. Est-ce que tu me comprends?"

« Parfaitement, noble monsieur. Il est dévoué tantôt aux Bourguignons, tantôt aux Lotharingiens , tantôt aux Anglais, tantôt au duc d'Orléans.

"Écouter. Les Anglais pourraient facilement considérer un messager comme un espion, ce qui, par Notre-Dame, me chagrinerait. Mais d'un autre côté, même s'ils vous détenaient comme prisonnier , ce serait inconfortable, car l'argent est si rare dans nos trésors que vous pourriez devoir attendre longtemps avant d'être libéré.

"Je ne pense pas, noble monsieur, que les Anglais m'attraperont."

« Alors vous entreprendrez la mission ? »

"J'attends vos ordres."

« Reposez-vous aujourd'hui et demain. Après-demain, vous aurez la lettre pour l' évêque .

Comme la route de Rouen traversait directement le pays anglais, il était pratiquement impossible à un messager de faire le voyage à cheval. Jean décide donc de partir à pied, déguisé en paysan. Les villes autour d'Orléans étant en possession des Anglais, il fut continuellement contraint d'emprunter des itinéraires divergents. Il fit un large tour de Paris et approcha enfin de Rouen par l'est. Pendant cette partie de son voyage, il s'est arrêté dans une forêt à midi pour se reposer et savourer son simple repas. Alors qu'il était ainsi engagé, il entendit soudain une voix féminine appelant à l'aide. Il se releva d'un bond et courut vers le chemin d'où était venu le cri. Dissimulé derrière des buissons, il observait et écoutait. Il entendit le bruit lointain d'une voiture et le cliquetis d'une armure vers l'est. Une lourde voiture de voyage arriva bientôt sur la route accidentée, accompagnée d'une demi-douzaine d'hommes d'armes.

« Un crime honteux a-t-il été commis et le cri est-il venu de cette voiture ? se dit Jean. "Quoi! Je pense que je connais les armes sur la porte cochère. Pourquoi, certainement. Ce sont ceux du duc de Luxembourg. Mais je dois en être sûr. Sur ce, il sortit précipitamment de sa cachette. "Arrêt!" cria-t-il en brandissant son bâton à pommeau.

Le cocher et ses serviteurs étaient étonnés. Il semblait incroyable qu'un seul homme, armé d'une telle arme, ose leur ordonner de s'arrêter. Tandis qu'ils se préparaient à la résistance, ils surveillaient non pas tant le jeune homme que les fourrés, car ils craignaient que d'autres paysans ne fassent leur apparition. Pendant cette brève attente, Jean découvrit ce qu'il avait redouté et ce qu'il tenait tant à savoir. A peine sa « halte » était-elle terminée qu'un visage de jeune fille apparut à la portière.

"Aide! aide!" s'écria-t-elle, terrorisée. "Aide! On me traîne dans un couvent...

Une exclamation de douleur étouffée suivit le dernier mot. Quelqu'un à l'intérieur de la voiture l'avait tirée en arrière et avait étouffé ses cris. Au lieu du visage de la jeune fille, apparut maintenant à la porte le visage courroucé d'un chevalier.

« Saisissez le chien », cria-t-il. "Ne le tue pas. Je dois le garder vivant.

Les hommes d'armes se préparèrent aussitôt au combat, mais Jean ne bougea pas. Il restait immobile comme une statue, regardant la porte. La détresse qu'il était impuissant à soulager menaçait sa propre perte, mais il restait comme scotché sur place, essayant d'identifier la personnalité de la victime. Il n'avait aperçu d'elle qu'un bref regard, mais ce regard laissait une impression qui ne pouvait s'effacer. C'était une jeune fille de quinze ou seize ans, d'une beauté si radieuse que même son expression de souffrance et de peur poignante ne pouvait diminuer son charme.

Pendant ce temps, les hommes d'armes préparaient leur plan. Ils avaient évidemment l'intention de l'encercler et de le maîtriser, mais leurs mouvements étaient trop lents pour convenir au chevalier dans la voiture. "Eh bien," rugit-il, "qu'est-ce que tu attends ? Capturez-le!"

L'ordre ramena Jean à la raison, et le premier regard révéla son danger. D'un mouvement rapide, il franchit le cercle de ses assaillants et courut vers le fourré.

"Suivez-le, descendez-le", cria furieusement le chevalier.

Les hommes d'armes le poursuivirent, mais avant de pouvoir le rattraper , il disparut dans les bois, où ils ne purent le suivre à cheval. Descendre de cheval et le poursuivre à pied eût été une entreprise téméraire, aussi se retournèrent-ils pour recevoir de violents reproches et des malédictions de leur maître, qui fut contraint de reprendre son voyage sans la victime tant désirée.

Jean n'allait pas loin, car il savait bien qu'on n'oserait pas le suivre dans la forêt. Appuyé contre un arbre, il surveillait la voiture qui prenait la route de Rouen. Son premier réflexe fut de le suivre et de le garder en vue, mais, après y avoir réfléchi, il se souvint qu'il n'était pas à ce moment-là son propre maître, mais qu'il était au service d'un autre, et que dans de telles circonstances, il n'avait pas le droit de risquer sa perte. sa liberté ou sa vie. Il laissa donc la voiture rouler plusieurs heures avant de reprendre sa route.

Compte tenu des précautions qu'il devait prendre, il lui faudrait trois ou quatre jours avant de pouvoir atteindre Rouen. En chemin, il s'enquit à plusieurs reprises de l'endroit où se trouvait la voiture, de sorte que lorsqu'il entra dans cette ville le soir du quatrième jour, il savait qu'elle était là. À l'auberge où il s'est arrêté, il s'est fait passer pour un paysan en fuite qui désirait s'entretenir avec l'évêque afin de lui faire part de ses souffrances et de celles de ses concitoyens du village. Comme son histoire était probable, il espérait qu'il n'y aurait aucune opposition à son séjour là-bas. On lui dit que l'évêque était arrivé l'avant-veille en compagnie du duc de Luxembourg et qu'il avait amené une jeune novice au couvent de Sainte-Ursule. Il était reparti avec le duc , mais seulement pour une courte période.

Chaque fois que Jean s'aventurait hors de l'auberge, il se dirigeait vers le couvent. Il ne pouvait voir que ses murs extérieurs, et pourtant il était attiré encore et encore par elle. Près du couvent se dresse l'église Sainte-Ursule. Comme ses portes étaient toujours ouvertes, rien ne l'empêchait d'entrer et de prier avec ferveur pour la malheureuse qu'il avait vue dans la forêt. Un jour, comme à son habitude, il choisit un endroit près du mur entre l'église et le couvent pour ses dévotions. Ce mur devait être fréquemment utilisé, car il y avait une porte ouvrant sur un passage vers les autres bâtiments. Pendant que Jean priait, l'église était vide et, dans les ombres du soir, la salle sacrée était calme et reposante. Dans le profond silence, il lui semblait entendre au loin des sanglots humains. Il a écouté attentivement. Il n'y avait aucun doute là-dessus. Il n'a pas été trompé. Le son semblait sortir du mur. Il posa son oreille contre la pierre et entendit distinctement les éjaculations douloureuses d'une femme entre gémissements alternés et doux sanglots. Une sueur froide lui montait au front. Il se sentait enraciné sur place. Plus il écoutait, plus la tempête grandissait dans sa poitrine. Enfin , il n'en pouvait plus. Il s'est précipité dans les airs. Son cœur était presque en train d'éclater. « La dame captive ! » s'écria-t-il, est-ce que ça peut être elle ?

Son désespoir le ramena à nouveau sur place et il écouta de nouveau. Son pouls battait si fébrilement, et il était dans une telle excitation, qu'il lui était impossible de juger calmement, mais il croyait reconnaître la voix.

Pendant le reste de son séjour à Rouen, Jean passa presque exclusivement son temps à tenter de connaître le sort de ce malheureux, mais ce fut en vain. Il s'aperçut seulement qu'il attirait l'attention sur lui, et cette attention devint si apparente qu'après avoir remis la lettre à l' évêque , il fut contraint de quitter brusquement Rouen et de rebrousser chemin.

Chapitre III
La Conspiration

A quatre lieues de Cambray [15], les tours du château de Beaurevoir s'élèvent sur des hauteurs couronnées de forêts. En choisissant cet endroit, les bâtisseurs ont combiné l'utile et le beau, car le château était célèbre à la fois pour sa solidité et pour sa situation attrayante. La vue depuis les fenêtres supérieures et depuis les tours récompense l'observateur reconnaissant à n'importe quelle saison de l'année, mais il se serait attardé le plus longtemps en admiration lorsque le parc et les jardins, les bois et les prairies, les champs et les bosquets étaient parés de la beauté du début du printemps. lorsque les villages densément groupés, à l'est, à l'ouest et au nord, souriaient au milieu de leurs récoltes luxuriantes, ou lorsque, sur les hauteurs du sud, la forêt d'Argonne était revêtue de sa plus belle verdure. Combien plus attrayantes les beautés de cet endroit auraient dû être pour un enfant dont le plus grand plaisir était de se trouver parmi les fleurs du jardin et de la prairie, les oiseaux des parcs et les paysages variés ! Comme un tel enfant devait être attaché à un tel endroit ! Quelle est la tentation de passer tout son temps avec la nature !

C'est précisément une enfant comme celle-là qui avait été attirée vers le parc et les jardins par le soleil d'un début d'avril de l'année précédente , une fille épanouie de couleurs, vigoureuse de santé. De loin, elle paraissait avoir environ dix-huit ans, mais une observation plus attentive montrait qu'elle ne devait pas avoir plus de quinze ans. De toutes les belles choses de ce beau paysage, elle était la plus attirante, car elle gambadait et sautillait comme un faon, bondissant pour la première fois au-dessus des prairies fleuries. En courant au soleil, elle exprimait sa joie d'enfant à chaque nouvelle manifestation de l' œuvre merveilleuse du printemps, et éclatait en exclamations les plus exultantes lorsqu'elle découvrait les premières violettes dans l'herbe.

Deux dames qui la suivaient lentement, et engagées dans une conversation sérieuse, furent attirées par ses cris. « Voilà, dit l'un d'eux, une personne un peu svelte, aux traits anguleux et aux yeux perçants, vous voyez quelle créature indisciplinée elle est. Est-il convenable qu'elle se comporte de cette manière ? Cela vient du fait de la laisser faire ce qu'elle veut. Combien de fois ai-je protesté ! Mais à quoi ça sert ? Lorsque vous voyez que votre discours ne sert à rien, il est préférable de garder votre langue. Si vous ne le faites pas, alors ils disent : « Oh, oui, c'est ainsi que parlent toujours les vieilles filles envieuses. »

L'autre dame, dont le beau visage, rayonnant de bonhomie, contrastait avec celui de son compagnon, lui jeta un regard engageant. « Oh, chère Rosette, tu ne te trompes pas ? Qui oserait insulter la sœur de mon mari en faisant une telle remarque ?

"Oh, eh bien, vous savez, les gens pensent souvent à beaucoup de choses qu'ils ne disent pas."

"C'est vrai. Mais même s'ils le font, pourquoi devriez-vous en conclure qu'ils pensent à votre sujet des choses qu'ils n'osent pas dire ?

"Je ne peux pas vous donner de raison précise."

« Alors je dois vous dire qu'il n'est pas gentil de penser du mal des autres, en particulier de vos propres amis, à moins que vous n'ayez une raison suffisante pour le faire. Mais tant pis. Vous parliez de Marie. Vous êtes offensé par le comportement de ce pauvre enfant.

"Enfant! C'est une belle enfant , — ha ! Ha! Vous auriez dû savoir depuis quelque temps qu'elle n'est plus une enfant. C'est une grande fille.

« Espérons qu'elle ne le découvrira pas avant longtemps. Comme elle serait heureuse si elle pouvait toujours conserver sa nature enfantine ! Regardez-la, chère Rosette ! N'est-ce pas un spectacle magnifique que celui d'un enfant si innocent, jouant avec un pur délice ?

La belle-sœur a levé le nez.

"Mais pourquoi son comportement n'est-il pas correct ?" continua l'autre. "Approprié! Qu'est-ce qui est convenable ? N'y a-t-il pas beaucoup de choses convenables qu'on appelle hautement impropres ? Marie est ici dans son propre monde. Elle y a grandi, y est attachée et s'y amuse. Vous ne pouvez pas imaginer combien je suis ravi de la voir ainsi. Pauvre petit ! Orpheline dès son plus jeune âge, elle n'a jamais connu le réconfort des étreintes d'un père ou d'une mère, et dois-je lui en vouloir pour ses plaisirs inoffensifs ?

« Ce serait bien mieux si elle commençait dès maintenant à mener une vie plus calme et plus sérieuse, en préparation de son avenir. »

« Que lui réserve l'avenir ?

— N'est-elle pas destinée au couvent ?

« Qui le dit ? Elle est l'unique héritière de Louis de Chafleur , qui lui a légué une riche propriété. Pourquoi devrait-elle prendre le voile ?

« Elle ne le prendra pas volontairement. Je pense que c'est le souhait de votre mari.

« Je pense que vous vous trompez. Du moins, je ne connais aucun plan de ce genre. Jean dit simplement qu'un couvent serait pour Marie le refuge le plus sûr au cas où le tumulte de la guerre envahirait la forêt d'Argonne . Chercher l'abri d'un couvent et prendre le voile sont deux choses différentes.

Les yeux de Rosette brillaient d'un triomphe malicieux lorsqu'elle regardait Marie, qui à cet instant bondissait avec un bouquet de violettes et mettait fin à la conversation ; son regard semblait dire : « Je connais certaines choses mieux que toi. »

Pendant que cela se passait dans le parc, deux hommes se tenaient à une fenêtre supérieure du château. Ils avaient largement dépassé la cinquantaine et se ressemblaient par une certaine expression de visage froide, rusée et calculatrice. L'un d'eux portait le costume habituel d'un chevalier, l'autre la tenue conventionnelle d'un haut dignitaire de l'église. L'un était Jean de Luxembourg, seigneur du château ; l'autre, Pierre Cauchon , évêque de Beauvais.

«Cette fille est vraiment une belle enfant», dit l' évêque en regardant Marie.

"Oh, oui," acquiesça lentement le seigneur du château. "Mais," ajouta-t-il avec un clin d'œil particulier, "je connais quelque chose de plus beau."

Le prélat comprit. « Hum ! Je ne le contesterai pas. Ce sont de beaux biens. Ce serait dommage de les laisser passer entre les mains d'étrangers.

« Vous avez fait écho à ma pensée, Votre Révérence. Je pense donc que nous sommes d'accord sur le point général.

"Vous voulez dire qu'en ces temps de troubles, il n'y a aucun endroit où Marie soit aussi en sécurité que dans une cellule d'un couvent."

"Exactement, et sauf erreur de ma part, c'est aussi ce que tu veux dire."

« D'une manière générale, oui ; mais nous n'avons pas encore examiné le point le plus important.

« Allons-y. »

« La question se pose : comment assurer la sécurité de la jeune fille pour le couvent ? et ensuite, comment doit-on l'y emmener ?

«Je veillerai à ce qu'elle y soit emmenée. Pour le reste, je fais appel à l'expérience de Votre Révérence.

« Hum ! une tâche difficile quand, comme dans ce cas, le novice a la plus grande aversion pour un couvent.

« Ce n'est pas aussi difficile qu'il y paraît à première vue. Je connais des cas similaires où la tâche a été accomplie avec succès.

"Oui, mais dans des circonstances particulières."

"Les circonstances dans notre cas sont similaires."

Le visage de l'évêque avait une expression rusée. « C'est vraiment une tout autre chose. Parlons-en.

« Bien entendu, les biens de Marie restent en possession de son tuteur jusqu'à ce qu'elle atteigne la majorité, lorsqu'ils sont à sa disposition. »

«C'est clair. Mais qu'obtiendra l'Église ?

« Patience, votre révérence. Si elle n'atteint pas cet âge… et ce n'est pas impossible…

"Bien?"

"Je comprends que dans un tel cas, la propriété m'appartient légalement."

«C'est également clair. Mais qu'obtiendra l'Église ?

"Dans ce cas, nous pouvons nous mettre d'accord sur le montant dont l'Église disposera."

« Nous nous comprenons, noble chevalier. Et si elle atteignait l'âge légal ?

« L'Église doit alors veiller à ce que les exigences légales ne soient pas contraignantes. Je dis « exigences légales ». Vous me comprenez, saint père ?

« Parfaitement, mon noble ami. Nous avons parfois dû accorder des dérogations à des exigences qui se sont ensuite révélées nulles en raison d'irrégularités.»

"Je suis heureux que nous nous comprenions si bien."

« Oui, mais qu'obtiendra l'Église ?

« Comme dans l'autre cas, à savoir une part des biens, seule l'Église n'en entrera en possession effective qu'après le décès de la testatrice. »

« Hum ! Il me semble, mon noble ami, que vous proposez non seulement de prendre la part du lion, mais la totalité du prix. L'Église aurait la première réclamation en cas de décès.

« Vous ne m'avez pas laissé finir, votre révérence. Jusqu'à la mort de l'héritier, je vous assurerai, en tant que représentant de l'Église, un revenu annuel de trois cents livres.

Les yeux de l'évêque brillèrent. « Et la sécurité ? dit-il en tendant la main.

"Ma parole, la parole d'un noble;" et ils se serrèrent la main.

Une pause s'ensuivit. Chacun des hommes, dans le silence, semblait étudier s'il ne se rendrait pas compte un jour qu'il avait été dépassé et qu'il n'avait pas reçu sa part. L' évêque fut le premier à prendre une décision et demanda : « Quand commencerons-nous notre travail, noble ami ?

"Tout de suite, si vous êtes prêt." Alors il sonna et ordonna à la servante qui répondait d'appeler mademoiselle de Chafleur .

Bientôt, Marie accourut dans la pièce, pleine d'exultation joyeuse. « Cher oncle, vois ces belles violettes », s'écria-t-elle. "Oh, quel délicieux parfum !"

« Très beau en effet. Ce sont des messagers envoyés par le printemps aux autres fleurs.

« Il doit en être ainsi. Oh, vous ne pouvez pas imaginer à quel point le parc est déjà beau ! Dis-moi vite ce que je dois faire, afin que je puisse revenir bientôt.

« Alors tu trouves ça très agréable dans le parc ? »

"Oh, je pourrais rester là toujours."

"Je suis donc d'autant plus désolé que vous deviez bientôt le quitter."

"Quoi! Partir! Mon oncle, je ne te comprends pas.

« Oui, mon enfant. Le tumulte de la guerre se rapproche de plus en plus.

« Et ça ? Le château n'est-il pas sûr ? Laissez les Anglais venir. Nous renverrons ces messieurs au long nez chez eux. Oui, nous, dis-je, car vous savez que je suis Chafleur .

« J'ai le plus grand respect pour votre courage, ma petite Amazone, mais les Anglais n'en seront pas très effrayés. Non, mon enfant, je dois trouver un endroit plus sûr pour toi.

« Et mes tantes ?

« Oh, c'est une autre affaire. Ma femme et ma sœur doivent se soumettre à l'inévitable.

"Et je peux aussi."

"Aucun enfant. Ton père m'a sacrément confié ta confiance. Je ne tiendrais pas parole si je vous exposais aux dangers de la guerre.

"Mais je le répète, mon oncle, et vous l'avez dit vous-même, que le château est assez sûr."

« Pourtant, cela peut être pris ; mais aucun ennemi n'osera attaquer les murs sacrés d'un couvent.

« Un couvent ! Que veux-tu dire? Avez-vous l'intention de faire de moi une religieuse ? Moi! Une nonne ! Ha! Ha! Ha! Je mourrai de rire.

« Ce ne sont pas toujours les religieuses qui trouvent refuge dans un couvent. »

— Néanmoins, mon oncle, et une fois pour toutes, je dis que je n'aurai rien à faire avec un couvent.

"Alors dis-moi ce que tu vas faire, car tu ne peux pas rester ici."

« Es-tu sérieux, mon oncle ? »

"Absolument."

Les larmes montèrent aux yeux de la jeune fille. En sanglotant et en lui jetant les bras autour du cou, elle s'écria : « Mon oncle, tu ne peux pas m'éloigner de toi. »

"C'est pour votre sécurité, mon enfant."

« Mais je ne souhaite aucune sécurité particulière. Là où mes tantes peuvent rester, je peux rester.

« Cela ne sert à rien. Pas d'Utilisation. Ma décision est définitive.

La jeune fille se tenait debout. Elle essuya les larmes de ses yeux et regarda le chevalier avec une expression étrange et affligée. Peu à peu, son regard devint plus froid et plus fixe, et il réalisa enfin sa détermination inébranlable.

« Ma décision est prise aussi, mon oncle. Je n'irai pas dans un couvent. Je préférerais tomber entre les mains des Anglais. Mais la situation n'est pas si désespérée que cela. J'en informerai mon parent La Hire. Il me protégera. Donnez-moi un messager, mon oncle. Dans une heure, j'aurai une lettre prête. Là-dessus, elle quitta la pièce.

"Eh bien, qu'en penses-tu maintenant, noble chevalier ?" commença l' évêque .

« Pah ! » il répondit : « Je lui enverrai un messager qui jettera sa lettre dans le premier ruisseau de la forêt où il passera, et reviendra sans avoir vu La Hire. »

Le matin du quatorzième jour après cette scène, une lourde voiture de voyage se tenait dans la cour du château avec une escorte de six hommes armés. Marie sanglotait dans les bras de Madame de Luxemburg. Toujours en sanglotant, elle suivit enfin le seigneur impatient du château jusqu'à la voiture. On n'avait rien entendu de La Hire, et lorsque, comme l'avait dit Jean de Luxembourg, une attaque contre le château était probable, il dit à Marie qu'il l'accompagnerait chez son parent. A la première auberge, ils rencontrèrent l'évêque de Beauvais, apparemment par hasard. Comme il voyageait dans la même direction , il accepta l'invitation du chevalier à prendre place dans la voiture.

Accablée de chagrin et ne s'attendant à aucune supercherie, Marie ne s'aperçut pas d'abord du chemin qu'ils prenaient. Mais après avoir dépassé trois ou quatre auberges, elle vit qu'ils se dirigeaient vers l'ouest plutôt que vers le sud. Même alors, elle ne soupçonnait pas une trahison. Ils satisfirent facilement à ses demandes en prétendant qu'ils devaient emprunter un itinéraire détourné pour éviter de rencontrer les Anglais. Cependant, lorsque, le lendemain, ils continuèrent dans la même direction, ses soupçons furent pleinement éveillés.

« Mon oncle, dit-elle, vous ne pouvez plus me tromper ; tu ne m'emmènes pas à Chinon . Qu'est-ce que tu vas faire de moi ?

"Je ne te tromperai pas, mon enfant", répondit le chevalier, car faire semblant n'était plus inutile. « Je ne peux pas réaliser mon projet de vous emmener à Chinon . Tout le pays de la Loire est aux mains des Anglais. Je ne peux même pas retourner à Beaurevoir , donc il ne reste plus que… »

"Mais quoi?" s'exclama-t-elle piteusement.

"Le couvent."

Elle poussa un cri de terreur.

« Tais-toi, dit durement le chevalier. "Si vous criez à nouveau , je vous ferai taire d'une manière qui pourrait ne pas être agréable."

Ils se trouvaient dans une forêt où pourraient se cacher des paysans en fuite. Même à distance, il avait eu peur que la jeune fille n'attire l'attention de quelqu'un. Il souhaitait atteindre sa destination sans être observé et était particulièrement soucieux que personne ne soupçonne même où il se trouvait ni ce qu'il faisait.

Marie ne fut pas effrayée par sa menace, mais un rapide coup d'œil lui montra qu'ils se trouvaient dans une forêt où aucune aide d'aucune sorte ne pouvait être attendue. Désespérée, elle se laissa tomber dans un coin de la voiture. La colère, le désespoir et le mépris faisaient tour à tour rage dans sa poitrine, jusqu'à ce qu'enfin, accablée par l'épuisement, elle enfouisse son visage dans ses mains et pleure.

Le « arrêt » vigoureux d'une voix virile la sortit de sa misérable condition. En un instant, elle arriva à la portière. Son premier regard tomba sur un beau jeune homme qui s'avançait courageusement vers la voiture. Le lecteur sait qui il était.

"Aide! aide!" elle a involontairement pleuré. "Ils m'emmènent dans un couvent."

Son tuteur la tira en arrière et fit taire ses cris en lui mettant son mouchoir sur la bouche. Elle essaya désespérément de se libérer, mais à quoi servait sa faiblesse face à la force d'un chevalier entraîné ? Dans son angoisse, l'image du brave jeune homme se dressait devant elle, et son inquiétude quant à son sort lui faisait oublier le sien. Elle écoutait attentivement tout ce qui se passait dehors. Elle trembla lorsqu'il lui semblait impossible de s'échapper, mais finalement elle exulta lorsqu'elle sut qu'il était en sécurité.

Il était tard dans la nuit lorsque la voiture s'arrêta. Marie savait par l'appel d'un gardien qu'ils étaient soit devant une ville, soit devant un château. L' évêque donna son nom et la porte grinçante s'ouvrit. La voiture traversa plusieurs rues sombres et s'arrêta enfin devant un grand et sombre bâtiment. Ici aussi, le nom de l'évêque était un sésame ouvert ; les lourds verrous furent repoussés, la voiture roula sur une cour pavée, et avec un bruit creux et fatidique, la porte fut fermée et verrouillée.

Marie tremblait comme dans une crise de fièvre. Elle se rendit compte qu'elle était prisonnière et peut-être privée de tous les plaisirs de la vie ; mais aucun son ne sortait de ses lèvres. Sa douleur muette reprochait seule à ses persécuteurs. Elle ne savait pas qu'elle était au couvent des Ursulines de Rouen, mais elle ne doutait pas qu'il s'agisse d'un couvent du diocèse de l'évêque . Evidemment , ils étaient prêts à recevoir un hôte exalté, qu'ils attendaient, d'une manière qui convenait à son rang. L'abbesse, une dame d'un âge moyen, qui, à en juger par son discours et ses manières, pouvait être d'un haut rang, l'attendait dans le salon. Après que l'évêque eut échangé quelques mots avec elle, l'abbesse se tourna vers Marie et lui dit : « Que votre entrée parmi nous soit bénie, Mademoiselle de Chafleur . J'espère que ces murs sacrés vous fourniront à la fois la sécurité extérieure dont vous avez besoin et à votre cœur la paix que le monde ne peut vous donner.

Il y avait quelque chose de si cordial et de si séduisant dans le ton avec lequel elle prononçait ces paroles, que Marie porta avec la plus grande sincérité sa main tendue à ses lèvres et la couvrit de baisers. Elle avait envie de se jeter dans les bras de cette gracieuse dame et de pleurer sa douleur comme sur le sein d'une mère. Son désir était si irrésistible qu'elle tomba à genoux et mouilla la main de l'abbesse de ses larmes.

« Sauvez-moi, gracieuse dame, sauvez-moi », implora-t-elle. «Je suis victime d'un complot. Ils m'ont trompé, m'ont amené ici de force et m'ont arraché tout ce qui m'est cher et sacré.

L'abbesse étonnée jeta un regard interrogateur à l' évêque . « La novice, répondit-il, est ici parce que c'est le désir de son tuteur, un seigneur de Luxembourg, qui seul a autorité pour agir pour elle. Il est donc vain de parler de force. À ton-"

«Je ne suis pas novice», s'écria Marie en se levant. « Je suis Marie de Chafleur . Mon tuteur a le contrôle de mes biens, mais il n'a pas le droit de disposer arbitrairement de ma personne.

« J'ai confiance en votre capacité, reprit l' évêque , à écarter ces idées mondaines, inconvenantes entre ces murs sacrés, et à implanter dans cette âme perverse l'esprit de résignation tranquille et d'humilité chrétienne. Je vous autorise à employer tous les moyens dont vous disposez pour produire ce résultat, et je ne doute pas de leur efficacité.

Les derniers mots furent prononcés avec une intonation particulière qui ressemblait à un ordre adressé à l'abbesse, mais dont la pauvre enfant n'avait pas la moindre idée de la signification. L'abbesse, qui comprenait bien ce qu'on attendait d'elle, fit un discret signe d'assentiment, et les deux hommes prirent congé, fermement convaincus que leur œuvre était accomplie avec succès.

Marie a été assignée à la cellule habituelle et laissée seule. Elle se dirigea d'abord vers la fenêtre grillagée. Elle ne donnait que sur la cour. Avec un sanglot pitoyable, elle se jeta sur le canapé dur. Ses larmes coulaient, et elle exprimait son angoisse en éjaculations mélancoliques. Finalement, elle s'agenouilla devant le crucifix et épancha son cœur douloureux dans une longue et fervente prière. De nouveau, elle chercha tranquillement son canapé. Elle était désormais capable de réfléchir calmement aux événements récents. Comme elle ignorait ce qui l'attendait, elle était toujours pleine d'espoir de la jeunesse. Elle pensait à La Hire, qu'elle avait connu comme un honorable chevalier. L'image du jeune homme se mêlait aussi agréablement à ses réflexions sur l'avenir. Elle décide de réécrire à La Hire. Il n'aurait pas pu l'abandonner. Se consolant ainsi , elle s'endormit dans un doux sommeil. Pauvre enfant! Elle ne savait pas que ses lettres ne pourraient pas parvenir au monde extérieur sans avoir été lues au préalable par le supérieur.

Un jour, deux religieuses, chargées de lui faire connaître les règles de l'ordre des Ursulines, lui rendirent visite. Sa déclaration selon laquelle elle ne souhaitait pas les connaître ne fit aucune impression sur les sœurs. Ils accomplirent leur devoir, puis se retirèrent pour faire leur rapport. Peu après, une autre sœur entra et appela la novice pour qu'elle se prépare par la prière et le jeûne au vœu qu'elle allait bientôt prononcer.

« Que signifie cette farce ? dit Marie. « Je ne suis pas novice. Je ne rejoindrai pas votre commande. Je ne ferai pas de vœu.

« Nos vœux sont inutiles entre ces murs », répondit la sœur. "Nous devons faire ce que commandent le supérieur, l'abbesse et les règles de l'ordre."

« Qu'est-ce que ça me fait ? Je ne suis pas l'un d'entre vous.

"Tu feras bien, ma sœur, de te soumettre à l'inévitable."

« Et si je ne le fais pas ? »

« Ensuite, ils vous forceront à vous soumettre. »

« Forcez-moi, Marie de Chafleur ! J'aimerais savoir comment ils proposent de procéder.

«Je peux vous le dire, sœur. Ils vous enfermeront dans votre cellule et vous laisseront partir à moitié affamé.

"Eh bien, je préfère mourir de faim plutôt que de faire ce vœu."

"Ils vous jetteront dans une prison lugubre."

"Continue."

« Ils viendront quotidiennement dans votre prison et vous puniront sans pitié. »

Marie a crié à haute voix. Elle serra les poings. Ses lèvres frémirent. « Femme, s'écria-t-elle enfin, le diable t'a envoyée pour me tenter ! Laisse-moi. Allez rapporter que je souffrirai la mort plutôt que de consentir.

"Je dois d'abord faire ce qu'on m'a ordonné, sœur." Alors la religieuse s'agenouilla devant le crucifix et répéta à haute voix les prières prescrites pour préparer le vœu. Quand elle eut fini, elle se retira. Ce qu'elle avait dit s'est réalisé. Marie fut d'abord enfermée dans sa cellule et ne reçut qu'un maigre morceau de pain. Comme cela n'a servi à rien, elle a été mise en prison. C'étaient ses grandes lamentations que Jean avait entendues en priant dans l'église de Sainte-Ursule, car la prison n'était séparée de l'église que par un seul mur.

Chapitre IV
Au camp et à la cour

La nouvelle du siège de la ville d'Orléans par les Anglais parvint enfin au village de Domremy . Personne n'en fut plus profondément affecté que Jeanne, car elle croyait, d'après ce que son confesseur avait dit aux villageois, qu'avec la chute d'Orléans la cause du roi serait perdue, qu'il n'y avait aucun espoir de lever le siège et que le la misère de la patrie serait alors complète.

A peine Jeanne eut-elle appris la nouvelle qu'elle quitta le village pour méditer sur cette situation nouvelle dans l'une de ses solitudes préférées. Elle avait alors environ dix-sept ans, épanouie et belle de personne, mais inchangée dans sa nature et ses habitudes. Elle avait envie de s'abandonner seule à ses pensées et à ses impressions, comme elle le faisait lorsqu'elle gardait les troupeaux de son père. Au plus profond de son cœur, elle ressentait les peines des autres, aujourd'hui comme alors, et était animée du même désir irrésistible de les aider. Elle avait envie de se prosterner devant ses saints, de regarder dans les nuages avec une vision surnaturelle et de voir leurs figures et d'entendre leurs voix comme elle le faisait autrefois. Sa communion avec le monde spirituel à cette époque était devenue si intime qu'elle pouvait interroger ses saints et entendre leurs réponses instantanées. L'arbre aux fées, sous lequel elle nourrissait les oiseaux, la source miraculeuse où les faons s'ébattaient autour d'elle, et la chapelle au carrefour près de la forêt de chênes, où elle avait la plupart de ses visions, étaient ses lieux de villégiature favoris. Dans cette chapelle, elle s'agenouilla devant l'image de Sainte Catherine, inconsciente du monde extérieur. Le fardeau de sa fervente prière était les nécessités du pays, le sauvetage de la ville d'Orléans et le couronnement du roi.

« Oh, si j'étais un homme ! Oh, si j'étais un commandant ! elle soupira. «Je me précipiterais à mon secours. Ce n'est peut-être pas impossible. Le loup ne me fuit-il pas quand mes saints sont proches ? Ne puis-je pas cacher ma silhouette de jeune fille sous le costume du soldat ? Ces membres ne sont-ils pas assez solides pour porter une armure ? Et si les chers saints me chargeaient de sauver la patrie !

Absorbée par de telles pensées et désirs, elle se perdit en communion avec le monde céleste et, dans une vision , elle vit ses saints préférés dans les nuages rougeoyants.

"Pourquoi tardes-tu, Joan?" disaient les voix. « Des villes et des villages sont détruits chaque jour. Chaque jour, le sang du peuple coule. Surgir! Exécutez le décret du Ciel.

" Mais, dit Jeanne, comment puis-je savoir que c'est le Ciel qui m'envoie ? "

« Les signes de votre mission ne failliront pas. »

« Et quelle est ma mission ?

« Lever le siège de la ville d'Orléans et conduire le roi à son couronnement à Reims. »

« Comment dois-je commencer ? »

« Allez chez le roi et offrez-vous à lui comme commandant de l'armée. »

« À qui dois-je m'adresser pour parvenir au roi ?

« Allez chez le chevalier Robert de Baudricourt . [16] Il t'aidera.»

Jeanne rentra chez elle et resta plusieurs jours profondément absorbée par la contemplation de la mission à laquelle elle avait été assignée. Elle se faufilait souvent dans sa petite chambre et pleurait amèrement ; car, même si elle se sentait exaltée par le décret céleste, il lui semblait néanmoins impossible de laisser secrètement tous les êtres chers à la maison, père, mère, frères et sœur. Et pourtant, elle devait partir en secret, car son père n'approuverait jamais son projet ni ne consentirait à son départ, et aucune autre solution ne se suggérait. Ils étaient tellement habitués à la voir absorbée dans des méditations silencieuses et solitaires qu'ils se tenaient à l'écart d'elle dans de tels moments. Depuis des années, les rumeurs du village disaient qu'elle communiquait avec les esprits et pratiquait la magie. Comment expliquer autrement sa maîtrise des bêtes sauvages ? Son frère Pierre, qui lui était dévoué, faisait cependant exception. Il ne l'a jamais blessée par des soupçons. Elle n'avait aucun secret pour lui, et elle venait maintenant vers lui en parfaite confiance et pleurait sur sa poitrine.

« Ce n'est pas vrai, Pierre, dit-elle en le regardant avec ses beaux yeux pleins de larmes, que tu te moques de moi comme les autres ?

« Comment peux-tu penser une telle chose de moi, petite sœur ?

"Oh, je ne le pense pas, mon frère."

"Et pourtant, votre question semble impliquer que c'est le cas."

« Pas du tout, Pierre. Je sais très bien que tu m'aimes, mais tu dois me le répéter encore et encore. Je sais bien que tu ne te moques pas de moi, mais même cela ne me satisfait pas. Je dois avoir l'assurance de vos propres lèvres.

"Je sais bien, Jeanne, que tu es la préférée de tes saints, qu'ils se manifestent à toi dans les nuages, et que tu parles avec eux comme tu parles avec nous."

"Oui; tu me crois quand je te dis ces choses. Mais quand je le dis aux autres…
»

« Oh, ma sœur, ils ne te connaissent pas comme moi. Je sais que tu ne dis jamais de mensonges.

« Et pourtant, mes actions doivent maintenant être trompeuses. Hélas! Pierre, c'est ça qui me chagrine.

"Mais souviens-toi, petite sœur, que tu obéis aux célestes, que c'est la patrie qui t'appelle."

« Et cela me chagrine toujours , mon frère. Je me déplace ici comme d'habitude. Père, mère et tous les autres pensent que je continuerai toujours ce chemin, et je les laisse penser ainsi, et je renforce volontairement cette croyance tandis que je me prépare à les quitter en secret. Oh, Pierre, ils ne me le pardonneront jamais.

« Pourquoi te tourmenter avec de telles pensées, ma sœur ? Vous savez que vous devez entreprendre cette mission. Et c'est juste que vous le fassiez, car la volonté du Ciel est supérieure à la volonté humaine. Quand père, mère et les autres entendront ce que le Ciel a accompli à travers vous, ne pensez-vous pas qu'ils vous pardonneront ?

« Tes paroles m'ont fait du bien, mon frère », s'écria Jeanne, ses yeux clairs et brillants brillant de bonheur. « Si je pouvais toujours t'avoir à mes côtés et entendre ta voix ! Si vous étiez à proximité , je ne craindrais personne que je puisse rencontrer.

"Je t'accompagnerai, ma sœur."

"Non, Pierre, tu ne peux pas."

"Et pourquoi pas?"

« Ne me suffit-il pas d'apporter du chagrin à nos parents ? Voudriez-vous ajouter à ce chagrin en vous en allant secrètement aussi ?

"Tu as raison. Je ne devrais pas y aller. Vous obéissez au décret du Ciel, mais je ne peux pas proposer ce plaidoyer. Mais je connais quelqu'un qui pourrait vous accompagner.

"OMS?"

«Oncle Laxart . Il vous aime aussi et il n'aura à demander la permission à personne .

"Mais est-ce qu'il ira?"

"Je vais lui en parler."

Le lendemain (en 1429), c'était le jour des Trois Saints Rois, Jeanne traversa la vallée enneigée jusqu'à l'Arbre aux Fées, répandit des miettes pour les oiseaux comme d'habitude et écouta leurs chants de gratitude. Peu de temps après, elle se perdit dans une profonde rêverie dans la chapelle du carrefour, et tandis qu'elle était dans cet état, ses yeux ravis aperçurent ses saintes, Catherine et Marguerite, dans les nuages.

« L'heure est venue, Joan », les entendit-elle dire. "Surgir! la Reine du Ciel sera avec vous.

"Mais je dois y aller toute seule", répondit-elle. "On me traitera d'aventurière."

« Pas du tout ! Votre protecteur est déjà à la porte.

Alors que Jeanne se levait, elle aperçut un homme qui s'approchait de la chapelle. Avec une joyeuse surprise, elle reconnut son oncle Duram Laxart .

«Je sais tout, Joan», s'est-il exclamé. « Je suis prêt à vous escorter dès que vous aurez besoin de ma protection. Je suis déjà allé à Vaucouleurs et j'ai vu le chevalier Baudricourt . Commencez dès que vous pouvez être prêt. Nous logerons chez Wagner, que vous connaissez.

Avant que la jeune fille étonnée ait pu répondre, son oncle était parti en direction de Vaucouleurs .

L'heure du départ était enfin venue. Profondément agitée, elle se tenait à la porte de la chapelle et regardait de nouveau la vallée avec des yeux larmoyants. Une fois de plus, son regard s'attarda sur la source miraculeuse, l'Arbre aux Fées et sa maison à Domremy , et son âme fut remplie d'associations tendres et sacrées.

"Adieu, ô Arbre Merveilleux, où j'ai passé tant d'heures heureuses", dit-elle entre ses sanglots. « Et vous, petits oiseaux, adieu ! Hélas! Joan ne pourra plus jamais te nourrir. En vain tu l'attendras. Adieu, cher printemps, dont j'ai si souvent entendu la musique dans mes rêves heureux. Dites aux cerfs que je ne peux plus jouer avec eux. Adieu, vallées et champs aimés ! Comme j'étais heureux quand je jouais ici avec les compagnons de mon enfance ! Hélas! Je ne te reverrai plus jamais ! Adieu, mon père ! Ma mère bien-aimée, adieu ! Et toi, mon Pierre, mon bon et cher frère. Oh, comme c'est dur de te quitter ! Hélas! je ne regarderai plus jamais dans tes vrais yeux, je n'entendrai plus jamais de mots d'amour et de sympathie sortir de tes lèvres. Adieu à tous, adieu à tous ! Ne t'afflige pas que je te quitte. Ne soyez pas en colère. Il ne peut en être autrement. Non! il le faut, car le ciel l'a décrété et la patrie m'a appelé. Va-t-en, Joan, va-t-en ! La lutte est proche.

Personne n'aurait pu voir la simple paysanne à ce moment-là, ses yeux brillants tandis que les larmes brillaient sur ses cils, personne n'aurait pu se rendre compte de sa force de volonté en abandonnant tout ce qui avait rempli son âme de chagrin alors qu'elle pensait la quitter. , personne n'aurait pu la voir descendre la vallée comme un soldat défiant le danger, sans la conviction qu'il s'agissait d'un événement de la plus haute importance pour la France.

Jeanne retrouve son oncle chez Wagner à Vaucouleurs . Il avait déjà rendu visite à Baudricourt , mais il fut renvoyé avec pour instruction de reprendre sa nièce idiote et de la ramener chez ses parents. Sans se décourager du tout, Jeanne passa la nuit en prière et, le matin, se rendit chez Baudricourt . Elle le trouva en compagnie de Jean de Nouillemport de Metz. Tous deux rirent en apprenant la nature de sa mission, mais elle parla avec une telle conviction sincère de ses visions célestes que Baudricourt finit par la renvoyer en promettant d'y réfléchir sérieusement. Par la suite, lorsque Jeanne priait dans l'église et que les gens venaient en foule voir « la sainte », un prêtre s'approcha d'elle avec un crucifix pour voir si elle était possédée du diable. Jeanne tomba à genoux et embrassa le symbole sacré, et le prêtre déclara : « Elle est peut-être folle mais elle n'est pas possédée. » En sortant de l'église, elle rencontra le chevalier Nouillemport de Metz, à qui elle s'adressa ainsi : « Hélas ! Personne ne me croira, et pourtant la France ne peut être sauvée que par moi. Les mots lui rappelaient la prophétie de Merlin. Après l'avoir observée de plus près et reconnu sa pureté spirituelle et sa détermination résolue, il exprima sa volonté de l'emmener au Dauphin, et il n'eut aucune difficulté à persuader Baudricourt de le rejoindre. Quelques jours après, Jeanne fut ravie de se retrouver en route pour Chinon avec les chevaliers et leurs hommes d'armes. Dans son costume, elle ressemblait plus à un beau page mince qu'à un soldat. Chinon était à plus de cent cinquante lieues, et sur la moitié de cette distance le pays était occupé par les Anglais. Ils étaient donc obligés de faire de larges circuits et de s'arrêter fréquemment dans les forêts et les rivières à gué. Après quatorze jours de marche, ils atteignirent la ville de Gien [17] sur la Loire. La nouvelle se répandit comme une traînée de poudre que la jeune fille qui, selon la prophétie de Merlin, devait sauver la France était venue, et tous s'empressèrent de lui souhaiter un accueil enthousiaste.

Après avoir quitté Gien, il y avait peu de danger, et enfin ils atteignirent sains et saufs Chinon et s'arrêtèrent dans une auberge. Ici, comme à Gien , la nouvelle de l'arrivée de Jeanne se répandit rapidement et attira une grande foule. Pour satisfaire la curiosité universelle, elle apparut sur le balcon et fut accueillie par des cris enthousiastes. Ses chevaliers compagnons attendirent promptement le Dauphin ; mais ils le trouvèrent très découragé et d'humeur abattue à la nouvelle que l'Anglais John Falstaff avait repoussé les Français, qui essayaient de l'empêcher d'approvisionner en harengs ses compatriotes avant Orléans. La déception du Dauphin suite à la défaite du « jour du hareng » aurait cependant été de courte durée s'il n'avait pas été en même temps frappé par une calamité qui lui semblait encore pire, à savoir son manque total d'argent et le vide qui en résultait. sa cuisine et sa cave. C'est dans cet état d'esprit que les compagnons de Jeanne le trouvèrent. Au début , il les écouta avec indifférence et un sourire méprisant, mais lorsqu'ils lui dirent que le peuple avait reconnu la jeune fille comme une sainte et l'avait accueillie comme la sauveuse de la France, il lui vint à l'esprit qu'elle pourrait contribuer à soulager son état de nécessité. . Il ordonna enfin qu'elle fût admise. Pour tester le don prophétique qui lui était attribué, il la reçut debout parmi les nobles de sa cour, tandis qu'une autre personne était assise sur le trône.

Mais Jeanne le reconnut aussitôt, s'avança vers lui, s'agenouilla et le salua par ces mots : « Dieu vous accorde une vie longue et heureuse, Dauphin. » [18]

"Vous vous trompez", répondit-il. « Là-bas est le roi », désignant la personne sur le trône.

« Noble prince, répondit-elle, vous ne pouvez pas me tromper. Vous êtes le Dauphin. Un murmure d'étonnement parcourut la salle.

« Sire, poursuivit-elle, si nous pouvons être seuls , je vous dirai quelque chose qui dissipera tout doute sur ma mission. [19]

Le Dauphin la conduisit à l'oratoire voisin, et là, selon la tradition, elle lui révéla des choses qu'il était certain que personne ne pouvait connaître sauf Dieu et lui-même. Il en était si sûr qu'à la fin de l'entretien il s'écria : « Je suis convaincu de votre mission divine, mais mes conseillers doivent aussi être convaincus. »

« Très bien, Sire, répondit-elle. "Invoquez les trois plus instruits et expérimentés pour me rencontrer demain matin, et je leur ferai un signe." Son souhait a été exaucé. Les trois élus furent l'archevêque de Reims, Charles de Bourbon, et De la Tremouille , ministre du roi . Ils lui ont d'abord demandé de raconter son histoire, puis ils ont demandé le signe. Jeanne retourne à l'oratoire. Alors, selon la tradition, les célestes apparurent, et avec eux un ange vêtu de longs vêtements blancs. Ce dernier portait une couronne brillante et s'avança lentement dans la salle d'audience.

« Sire, dit l'ange, faites confiance à cette jeune fille que le Ciel vous envoie. Donnez-lui immédiatement autant de soldats que vous pouvez en rassembler. En signe que vous serez couronné à Reims, le Ciel vous envoie ce gage. Alors l'ange remit la couronne à l' archevêque , sortit comme il était entré et disparut par le plafond de l'oratoire. Ainsi dit la tradition.

les trois conseillers ne sont pas encore pleinement satisfaits. Ils suggérèrent que Jeanne soit examinée par les savants théologiens de l'Université de Poitiers. 20. Lorsqu'on lui demanda aussi un signe, elle répondit : « Donnez-moi des soldats et vous aurez suffisamment de signes. » Ils rapportèrent finalement qu'elle était digne de confiance et que le roi devait accepter son service. Le conseil du Dauphin décida aussitôt de lever le plus de troupes possible, de placer la jeune fille à leur commandement et de l'envoyer avec un convoi de ravitaillements à Orléans. Au cours de ces quelques jours, le sentiment populaire avait changé rapidement, le joyeux sacrifice de soi et l'enthousiasme enthousiaste pour l'action remplaçaient le découragement et les dissensions. Les chevaliers et leurs hommes d'armes offraient leurs services, et les riches bourgeois sacrifiaient leurs trésors pour la cause du pays. Le Dauphin était enfin de bonne humeur, car son trésor se remplissait et il retrouvait un peu de plaisir à vivre. Il était également désormais en mesure d'être au service de la Jeune Fille. Il lui présenta un costume de général , un maître de cavalerie, deux pages, deux hérauts et un aumônier.

Vers cette époque, le duc d'Alençon [21] revenait de la captivité anglaise. Il remarqua avec une grande joie que tout le monde était impatient de suivre la jeune fille au combat. Il hypothèque aussitôt ses biens, achète du matériel de guerre et accepte de préparer le convoi de ravitaillement. Jean fut chaleureusement accueilli par son épouse, venue à Blois où se déroulaient les préparatifs.

Le vingt-six avril 1429 fut fixé comme jour du départ. Jeanne avait auparavant envoyé à son héraut Guienne une lettre au duc de Bedford [22] , qu'elle avait dictée à son aumônier. Cela s'est déroulé ainsi :

« [Jésus, Maria]

« Roi d'Angleterre, rendez compte à la Reine du Ciel du sang que vous avez versé. Remettez à la jeune fille les clés de toutes les bonnes villes que vous avez capturées. Elle vous offre la paix au nom de Dieu si vous réparez et restituez honnêtement ce que vous avez pris. Si vous ne parvenez pas à le faire , elle attaquera partout vos troupes et les chassera du pays. Et vous, archers et soldats devant Orléans, rentrez tranquillement dans votre pays, ou protégez-vous contre la Vierge. La France ne vous a pas été donnée par le Fils de Sainte Marie, mais au véritable héritier, le roi Charles, qui entrera à Paris en bonne compagnie. Vous verrez qui a le meilleur droit, Dieu ou vous, De la Pole, comte de Suffolk, Talbot et Thomas, qui avez pris le champ pour le duc de Bedford, le soi-disant régent du royaume de France pour le roi de Angleterre. Si vous ne quittez pas paisiblement la ville d'Orléans, duc de Bedford, vous obligerez les Français à réaliser le plus glorieux exploit jamais connu dans la chrétienté.

"Écrit mardi pendant la Semaine de la Passion."

Cette lettre n'a cependant jamais reçu de réponse. Le héraut n'est pas revenu.

Au jour fixé, l'expédition partit de Blois. En tête se trouvait une procession de prêtres chantant des hymnes, l'aumônier de Jeanne les conduisant avec sa bannière. Viennent ensuite les chefs, le duc d'Alençon , le maréchal de Retz, l'amiral de Coulent , de la Maison, Laval, Potou de Saintrailles , le comte Dunois et La Hire, à la suite desquels se trouve Jean Renault. Puis vinrent deux cents cavaliers, et un long train de chariots chargés de provisions fermait la marche. Jeanne en armure complète, coiffée d'un casque brillant qui couvrait ses cheveux rasés et portant une épée dont la poignée et le fourreau étaient ornés de lys, chevauchait parmi les chefs. Sur un côté de sa bannière, qui était abondamment parsemée de lys, se trouvait une image du Sauveur avec l'orbe à la main et un ange de chaque côté de lui ; de l'autre, l'inscription « Jésus, Maria ». [23] Son attitude était sérieuse et digne, une confiance sereine brillait dans ses yeux rayonnants. Ses seuls regrets étaient les grossièretés des soldats et la prière bruyante de La Hire matin et soir : « Mon Dieu ! fais pour La Hire ce qu'il ferait pour toi s'il était le Dieu bien-aimé et que tu étais La Hire.

Le troisième jour, ils étaient devant Orléans, mais la ville était de l'autre côté de la Loire, et il n'y avait pas de pont. Ils occupaient de leur côté du fleuve une redoute que les Anglais avaient abandonnée parce qu'elle ne leur servait à rien. A ce moment, le bâtard d'Orléans, [24] commandant de la ville, vint en barque à leur rencontre. Sur son conseil, ils remontèrent la rivière deux lieues plus loin et firent halte près du château de Chécy , où ils trouvèrent une garnison française. Le comte Dunois accepta d'envoyer une flotte pour le transport des vivres, mais à trois heures de l'après-midi elle n'était pas arrivée. Le ciel était couvert, le tonnerre grondait au loin et les vagues de la Loire étaient fouettées par des vents violents. Le courage des soldats commença à vaciller.

« Quand cette tempête se calmera, dit le duc d'Alençon , les vaisseaux anglais seront ici à la place des nôtres, et alors tout sera perdu.

" Ah ! tu oublies, dit la jeune fille, que je t'ai promis au nom de Dieu que nous entrerions avec succès à Orléans. "

« Hum ! il ne semble pas que vous puissiez tenir votre promesse, répondit le duc .

"Ayez un peu de patience", dit Joan en scrutant de près le ciel. "Avant qu'un quart d'heure ne s'écoule, le vent va changer." Elle se retira un peu pour prier, mais à peine s'était-elle agenouillée qu'un vent favorable se leva et que les vaisseaux retenus par la tempête arrivèrent.

"Maintenant, qu'en penses-tu, Jean?" » dit La Hire tandis qu'ils commençaient à charger les provisions.

"Je pense, noble monsieur", répondit le jeune homme, "que la jeune fille, dans sa vie pastorale, a eu amplement l'occasion d'observer le vent et le temps, et qu'elle est donc capable de prédire de tels changements."

« Oh ! Alors c'est une imposteur !

"Pourquoi, noble monsieur?"

"Ne comprends-tu pas? Ne fait-elle pas croire que les vents changent en réponse à ses prières ?

« Oh non, certainement pas. Elle ne prie pas à cause du vent. Elle prie parce que la prière est pour elle une nécessité, à cause des forces motrices de sa nature et parce qu'elle se sent heureuse de communier avec le Ciel. Sa prière spéciale est pour la force et l'aide d'en haut pour son grand travail, qui commence à cette heure même.

« Hum ! Mais elle trompe quand même la multitude.

« Elle ne fait que ce qu'elle doit faire. Le soleil se lave-t-il tous les soirs dans la mer simplement parce que les gens le croient ?

"Je ne vous critique pas, mon jeune ami, mais un instant vous niez le surnaturel dans les manifestations de la Jeune Fille, et l'instant d'après vous la vantez jusqu'aux cieux."

« Au fait, que sont les merveilles, noble monsieur ? Ce que la multitude aveugle considère comme une merveille se résout facilement en harmonie avec la nature pour la personne réfléchie, et ce que la multitude passe sans observer du tout est une merveille pour le penseur intelligent.

"Expliquez-vous plus clairement."

« Quant au premier point, la Jeune Fille elle-même en est une illustration suffisante. Ces gens-là ne reconnaissent-ils pas un prodige dans ce changement de vent, tandis que vous n'y voyez rien d'extraordinaire ? Quant à l'autre point, il y a mille illustrations. Le ciel avec ses étoiles, les fleurs des champs, le ver dans la poussière, tout cela sont des merveilles de la création que la multitude remarque à peine, mais qui sont merveilleuses pour le penseur observateur.

« Et cette jeune fille ?

« Elle est une merveille dans les deux sens, et c'est là que réside son extraordinaire pouvoir. On pense qu'elle est une prophétesse qui communique directement avec le ciel. Les gens la considèrent comme une merveille réellement divine, en raison de la pureté de son cœur, de sa confiance céleste, de son patriotisme intact et de son illumination spirituelle. En effet, noble monsieur, la Jeune Fille est un merveilleux cadeau du Ciel à la France frappée.

« Alors vous croyez aussi à son succès en dehors de sa mission divine ?

« Je ne conteste pas sa mission divine. Elle l'exécute parce que la voix divine dans son propre cœur lui a confié ce devoir. Est-ce que je crois en son succès ? Regardez ces gens ! Comme leurs yeux sont fixés sur cette jeune fille ! A son commandement « en avant », ils plongeraient dans la Loire et la suivraient, croyant que ses eaux les porteraient. Ne voudriez-vous pas vous-même, noble monsieur, bien que vous ne croyiez pas à sa mission divine, tirer volontiers votre épée lorsque la bannière du lys flotte devant vous ? Si l'esprit que Jeanne a réveillé dans notre petite troupe anime toute la France, comment faire autrement qu'attendre le succès ?

— Vous avez raison, mon jeune ami, dit La Hire en lui tendant la main. «Je remercie votre vaillant père dans sa tombe pour la formation qu'il vous a donnée. Oui, oui, il doit en être ainsi : quand des enthousiasmes religieux ou politiques enflamment un peuple, de grands résultats s'ensuivent toujours. Dans ce cas, il s'agit d'un enthousiasme commun. La victoire sera nôtre et nous en remercierons la Vierge. Je ne la chagrinerai plus avec mes prières. Quand c'est l'heure de la prière , je m'éloigne si loin qu'elle ne peut pas m'entendre. Mais encore une chose, Jean. As-tu entendu parler de Marie ?

"Hélas! noble monsieur, je ne l'ai pas fait. Comme vous le savez, je n'ai cessé de me renseigner, mais comme dans votre cas, les troubles de la guerre m'ont empêché d'obtenir des informations personnelles.

"Oui oui je sais. Je ne peux pas vous dire à quel point la situation de cette pauvre enfant me trouble. J'ai attendu de semaine en semaine l'occasion de dire quelques mots à ce seigneur de Luxembourg et à son évêque » – et la prise de son épée indiquait le genre de paroles qu'il avait en tête. « Mais espérons, reprit-il, que la Jeune Fille que nous servons ouvrira la voie à la libération de Marie. Il faut d'abord envoyer les Anglais au diable. Après cela, rien ne m'empêchera de retrouver Marie, et, jetant un regard significatif à Jean , je sais qui me soutiendra.

« Jusqu'au bout du monde, noble monsieur », s'écria le jeune homme, ses yeux brillants montrant que les mots venaient de son cœur.

« Bien, bien, j'en suis sûr ; mais il est temps que nous partions. Il montra le dernier des navires, réservé aux troupes. Bientôt, ils arrivèrent à la ligne des retranchements anglais, qui s'étendait autour de la ville.

«Eh bien, grogna La Hire, ces messieurs Anglais n'aiment pas à se montrer, et pourtant il serait facile de casser ces coquilles de noix. Je me demande s'ils se sont enfuis.

"Ils sont là et peuvent nous voir", a déclaré Jean. "Ils sont derrière les murs, mais ils n'ont aucune munition à utiliser contre nous."

Cela s'est avéré comme Jean l'a dit. Les Anglais ne lancèrent aucun assaut et la petite flottille atteignit la ville indemne. Il y eut un enthousiasme sans limite lorsque la jeune fille apparut avec sa bannière aux portes. Le peuple l'aurait portée dans ses bras, si le commandant de la ville ne l'avait prévenu en lui préparant un cheval. Elle monta à cheval et chevaucha en triomphe jusqu'à la cathédrale, où fut chanté un *Te Deum* , le premier qu'on entendît depuis longtemps dans ses murs. Puis elle fut escortée jusqu'à la maison de Jacques Boucher, trésorier du duc d'Orléans, où elle devait loger. Pour la première fois, elle ôta son armure, but une coupe de vin dilué avec de l'eau, puis se retira avec la femme et les filles de son hôte dans sa chambre. Il y eut une vive agitation dans les rues jusque tard dans la nuit. Toute inquiétude disparut ce 29 avril 1429. Une vieille chronique raconte que le peuple et les soldats crurent qu'un ange était descendu du ciel vers eux. Dans la mesure où le désespoir s'était évanoui pour laisser place à un joyeux enthousiasme, le courage déclinait dans le camp anglais. La plupart de ces courageux soldats, en particulier les lanciers et les archers, croyaient que la jeune fille était soit une messagère du ciel, soit de l'enfer, soit une sainte, soit une puissante magicienne. Leurs chefs s'insurgeaient amèrement contre le Dauphin parce qu'il employait des armes indignes, des armes de l'enfer.

Le lendemain, Jeanne demanda une attaque immédiate, mais lors d'un conseil des dirigeants les plus expérimentés, il fut décidé d'attendre au moins l'arrivée du prochain contingent de troupes de Blois. Ils ne croyaient pas entièrement à la mission divine de Jeanne, mais ils pensaient qu'il valait mieux profiter de l'enthousiasme populaire qu'elle avait suscité. Le comte Dunois revint à Blois pour hâter les renforts, et le quatrième jour on aperçut sa bannière sur la rive gauche de la Loire. Son itinéraire passait directement devant le campement anglais. Joan ne pouvait plus rester inactive. « Nous devons aller à leur rencontre et les faire entrer », s'écria-t-elle en montant sur son cheval, en saisissant sa petite hache de guerre et sa bannière, et en se dirigeant vers la porte. Les chevaliers secouaient la tête. Personne n'avait envie de se précipiter directement dans la gueule du lion, car il ne semblait pas possible que quiconque revienne si les Anglais sortaient et les attaquaient.

« Maintenant, cria La Hire, personne ne dira que La Hire a été surpassé en courage par une femme. En avant », ordonna-t-il, galopant après la jeune fille et suivi de sa petite troupe. Le comte Dunois s'était arrêté à quelque distance, attendant visiblement le secours de la ville. Dès qu'il aperçut les bannières de la Jeune Fille et de La Hire , il s'avança le long de la première ligne de retranchements. Les deux forces se rencontrèrent bientôt et avancèrent vers la ville le long du front même du camp anglais, mais la peur des Anglais à l'égard de la Jeune Fille était telle qu'aucun d'entre eux ne s'aventura à sortir. Personne n'a même lancé de missile. Ils regardèrent tranquillement tandis que le petit groupe dépassait leurs lignes et atteignait la ville en toute sécurité.

Comme de nouveaux renforts arrivaient, il fut décidé le lendemain d'attaquer le Fort Saint Loup.

De bon matin, tandis que Jeanne, fatiguée par ses efforts de la veille, dormait encore, quelques capitaines sortirent avec leurs troupes et lancèrent un furieux assaut sur le fort. Les Anglais, ne voyant que leurs assaillants habituels, se jetèrent sur eux et, après une dure lutte, les repoussèrent. A cet instant, la jeune fille, portant sa bannière de lys, se dirigea vers la porte bourguignonne. "Arrêt!" a-t-elle crié aux fugitifs. «Regardez, la jeune fille que Dieu vous a envoyée est ici. Suivez-moi vers la victoire. Aussitôt, elle plongea au cœur de la bataille. Sa présence agissait comme par magie des deux côtés. Les Français la suivirent impétueusement, Daulon , maître de cavalerie, La Hire, et deux autres chevaliers, menant la première charge. Les Anglais hésitèrent.

"Pourquoi hésites-tu ?" s'écria Guérard, leur chef. « Honte et confusion à quiconque craint cette fille de la campagne ! Ramenez-la à son village et aux vaches de son père.

Son appel est resté lettre morte. Les soldats restèrent un moment à regarder la bannière dans la main de « la sorcière », puis, comme sur un mot d'ordre, ils se précipitèrent paniqués vers les murs de protection du fort. « En avant, mes braves, en avant vers la bataille et la victoire », s'écria Jeanne en galopant furieusement après les fugitifs.

« Maintenant, soldats de France ! dit La Hire, elle fait plus que sa part. Allez, mes enfants ! Devons-nous laisser ce courageux faire tout le travail seul ? Il éperonna son cheval, mais son lourd cheval de bataille ne parvint pas à dépasser le coursier léger de la Jeune Fille. L'instant d'après, un seul chevalier de la troupe de La Hire vola après elle, et en quelques secondes son épée s'agitait à ses côtés. C'était Jean Renault. Un enthousiasme comme il n'en avait jamais ressenti auparavant l'avait saisi. Il était inconscient de tout sentiment de danger. A peine le dernier Anglais avait-il franchi la porte de la forteresse que la jeune fille et Jean se précipitèrent également. Les soldats anglais, étonnés, virent la bannière aux lys au milieu d'eux. Avant qu'ils ne se remettent de la peur mortelle qu'il inspirait, il volait sur le mur. Les Français affluèrent par la porte et la victoire fut bientôt complète. Ceux qui résistèrent furent abattus et les autres faits prisonniers. Quelques-uns des fugitifs s'étaient enfuis vers la tour de l'église intra-muros, mais ces malheureux furent soit tués sur les marches, soit se précipitant par les fenêtres. Un reste plus heureux sortit de la sacristie, où ils s'étaient revêtus des robes des prêtres. Ceux-ci furent accueillis par des quolibets et des rires alors qu'ils suppliaient la jeune fille d'être faite prisonnière. Au milieu des carillons des cloches et des cris triomphaux du peuple, la Jeune Fille entra dans la ville à la tête de ses soldats.

Trois jours après, jour de fête intervenant, les chefs décidèrent de faire une feinte sur la rive droite, pour couvrir une attaque sur la gauche. Comme Orléans est située sur la rive droite de la Loire, le commandant de la ville gardait un grand nombre de bateaux pour la traversée. Au milieu du ruisseau, mais un peu plus près de la rive gauche, se trouve une île que les Anglais n'avaient pas occupée. Les Français débarquèrent sur cette île, Jeanne et La Hire, avec sa troupe, en tête. Les bateaux furent attachés ensemble et formèrent ainsi un pont vers la rive gauche, sur lequel ils s'avancèrent pour attaquer le premier fort, Le Blanc. Il eût été facile aux Anglais d'arrêter le passage, mais ils ne le tentèrent pas. Après avoir incendié le fort Le Blanc, ils se replièrent sur le fort Saint-Augustin.

Jeanne les suivit et planta sa bannière à une demi-portée de flèche du mur. Soudain, un cri retentit : « Les Anglais arrivent du fort Saint- Rivi ». La petite bande se retira dans la Loire, tous sauf quinze, La Hire et Jean parmi ces derniers. Ceux-ci reculèrent un peu, pour ne pas s'exposer inutilement à l'assaut de l'ennemi, voyant que les Anglais rassemblèrent courage et les attaquèrent en criant fort.

« Suivez-moi », cria Jeanne en agitant sa bannière et en s'avançant vers les Anglais. Les quinze n'hésitèrent pas, si téméraire que paraisse l'entreprise. Ils avancèrent, se frayant un chemin. Quand ceux qui s'étaient retirés vers la rivière s'en aperçurent, ils vinrent à leur secours, et en quelques minutes les Anglais furent repoussés dans le fort. Jeanne se précipita jusqu'aux palissades, se précipita à travers une brèche que Daulon avait faite et planta sa bannière sur le mur. Les Français arrivèrent rapidement, s'emparèrent du fort et le brûlèrent. On imagine bien que cette nouvelle victoire fut saluée avec joie dans la ville. Les cloches sonnèrent de nouveau à l'entrée des soldats, mais leur accueil fut calme comparé aux hommages enthousiastes que la jeune fille reçut en se rendant à son logement.

Bien que Jeanne ait été blessée au pied pendant la bataille et ait passé une nuit agitée, elle était de nouveau à cheval tôt le matin. Elle se rendit à cheval à la porte de Bourgogne avec une petite troupe et ordonna de l'ouvrir. Le gardien n'obéit pas, disant que les chefs avaient décidé de ne pas livrer bataille ce jour-là et avaient ordonné que la porte reste fermée. Lorsque Joan insista, un tumulte éclata. Le peuple réclama son ouverture et finit par l'ouvrir de force. Avec de joyeuses acclamations, la foule suivit leur chef inspiré jusqu'à la rivière. Les bateaux qui avaient servi la veille étaient là et servaient cette fois à le transporter. Jeanne tenait son cheval par la bride et le laissait nager après elle, et ainsi la rive gauche était atteinte. Un cri de joie des Français qui avaient mis en garnison le fort capturé accueillit la bannière aux lys. Ils sortirent à sa rencontre et Jeanne se plaça à leur tête. « En avant, mes braves », a-t-elle crié. "La victoire d'aujourd'hui sera aussi la nôtre." Un cri enthousiaste fut la réponse alors qu'ils se précipitèrent impétueusement à l'assaut du fort des Tournelles .

Ce fort, le plus solide rempart des Anglais, était près du fleuve, un pont-levis en fournissant l'unique accès. Côté terre, il était entouré d'un haut mur qu'il fallait franchir avant d'atteindre le fort lui-même. Sa garnison était la fleur même des guerriers anglais, dirigée par l'expérimenté Glasdale . Un assaut mené par une simple poignée de troupes, sans munitions ni engins d'assaut, semblait aux Anglais le comble de la folie.

Entre- temps , le nombre des assaillants ne cessait de croître, car lorsque les dirigeants d'Orléans furent témoins de l'élan courageux de la Jeune Fille, ils comprirent qu'ils devaient la soutenir. Tour à tour entrent en scène La Hire, Dunois le bâtard d'Orléans, De Retz, Gaucourt , Gamache, Graville , Tintey , Villars, Chailly , Couraze , d'Illiers , Thermes , Gontaut , Eulant , Saintrailles et d'autres. Vers dix heures, l'assaut était général. Les Français lancent de longues lances. Les Anglais brandissaient des masses de plomb et des haches de combat en fer et jetaient des poutres, des pierres, de l'huile bouillante et du plomb fondu sur la tête des assaillants. Après trois heures de combats acharnés, les Français se replient.

« Courage », criait Joan, dont la bannière était toujours au premier plan. « Courage au nom de Dieu. La victoire est à nous. » Elle se précipita vers une échelle et monta. "Se rendre!" criait-elle aux Anglais, « ou vous serez massacrés ». La réponse fut une flèche qui lui transperça l'épaule de sorte qu'elle dépassait de cinq pouces de son dos. Elle poussa un cri de douleur et descendit vers les tranchées. Les Anglais se précipitèrent furieusement sur elle, mais aussitôt une main lui fut tendue. Une lourde hache de combat frappa son protecteur. C'était le courageux Gamache qui était venu à son secours. En un rien de temps, d'autres héros furent sur place et les Anglais se replièrent. Ils emportèrent tendrement la jeune fille et lui ôtèrent son armure. Elle leva les yeux avec des larmes, mais ils étaient fixés sur le ciel, comme à son habitude.

« Comment ça va, comte Dunois ? elle a demandé.

"Nous avons ordonné la retraite", répondit-il, sur quoi elle se releva en partie, saisit la flèche à deux mains et la retira. « Qu'il n'y ait pas de recul », a-t-elle insisté. "Vite, mon armure." En quelques minutes, elle monta sur son cheval et galopa à travers les rangs volants. "Arrêt!" a-t-elle plaidé. «Ayez courage, au nom de Dieu. Dans une demi-heure, les Anglais seront entre nos mains.

L'effet de sa résolution héroïque fut merveilleux. Les soldats se sont retournés avec des acclamations. Daulon saisit la bannière en forme de lys et la porta contre le mur. Jeanne se précipita et mena de nouveau l'assaut. La terreur des Anglais à la réapparition de la Jeune Fille ne peut être décrite. Ils l'avaient cru morte. Ils étaient désormais certains qu'elle était de mèche avec Satan. Ils laissèrent leurs armes et s'enfuirent, et la peur donna des ailes à leur fuite. De grands cris d'horreur venant du bord de l'eau complétaient les désastres de la journée. Une attaque avait été faite contre le pont-levis. Glasdale s'y était précipité pour protéger le point faible. Un coup de feu tiré par Daulon brisa la pile, et le pont avec tous ses défenseurs tomba avec fracas dans la Loire. Glasdale , alourdi par sa lourde armure, s'est noyé. C'est ce désastre qui avait provoqué le tollé. La journée s'est terminée par une tragédie pour les Anglais. « Sauvez-vous autant que vous le pouvez », fut le signal de fuite. Le fort fut pris.

A Orléans, les cloches sonnaient la bienvenue aux troupes. Ils ont sonné toute la nuit pour célébrer la victoire. Les églises étaient bondées et des milliers de cœurs reconnaissants s'élevaient vers le ciel le *Te Deum laudamus* . Le lendemain matin, une épaisse fumée montait du camp anglais. Suffolk et Talbot avaient abandonné le siège, incendié leur camp et se retirèrent avec le reste de leur armée.

Ainsi, en neuf jours, Jeanne accomplit la première partie de sa mission.

Chapitre V
Le couronnement et la capture

Sur la rive gauche de la Loire, à quelques kilomètres au-dessus d'Orléans, se trouve la petite ville de Jargeau . À l'époque où nous écrivons, elle était entourée de murs massifs et était considérée comme une forteresse puissante. Après la levée du siège d'Orléans, la faiblesse de leur position était si évidente que le duc de Suffolk, avec ses frères Alexandre et Jean de la Pôle, se replia sur Jargeau . Au bout de quelques semaines, la Pucelle d'Orléans, comme on appelait maintenant généralement Jeanne, était devant ses murs avec ses principaux commandants. Son seul désir était désormais de conduire le roi à Reims pour son couronnement. Quoique ses blessures ne fussent pas encore guéries, elle quitta Orléans avec La Hire, Dunois, le duc d'Alençon et d'autres officiers, se rendit à Tours, où le Dauphin s'arrêtait alors, et lui demanda de la suivre immédiatement à Reims. Il n'était cependant pas disposé à accéder à sa demande. Sa cuisine, sa cave et sa caisse furent à nouveau remplies, et comme la vie était désormais très agréable, il décida qu'il serait téméraire de risquer une telle entreprise jusqu'à ce que la voie soit dégagée ; car, malgré la délivrance d'Orléans, l'ennemi tenait toujours le pays. Les dirigeants ont également déclaré que cela constituerait une violation de toutes les règles de la guerre. Il faut d'abord ouvrir la voie, et surtout capturer Jargeau . Jeanne fut obligée de se soumettre à leur décision et de les rejoindre.

Le 20 juin, c'était un vendredi, l'armée arriva devant Jargeau . Apprenant que Falstaff était en route depuis Paris avec de l'aide pour le Suffolk, aucun temps ne fut perdu. Les préparatifs pour l'assaut furent aussitôt commencés et, samedi soir, une brèche avait été pratiquée dans le mur. Tôt le dimanche matin, Jeanne, en armure complète, entra dans la tente de d'Alençon , celui-ci étant le commandant en chef.

« Venez, noble duc, s'écria-t-elle, passons à l'attaque.

« Quoi, répondit-il, aujourd'hui ? Le dimanche?"

« Pourquoi pas, noble monsieur ? L'obéissance est le meilleur service rendu à Dieu.

"Mais, Joan, la brèche est-elle franchissable ?"

"Indubitablement. Dieu a livré l'ennemi entre nos mains.

"Mais en attendant..."

« Il n'y a pas d'intervalle, noble monsieur. De quoi as-tu peur ? As-tu oublié que j'ai promis de te ramener sain et sauf auprès de ta femme ?

"Eh bien, que l'attaque commence."

« En avant, attaque ! » s'écria Jeanne en sortant de la tente en agitant sa bannière. Les troupes avancèrent, mais les appréhensions du duc se révélèrent fondées. La brèche était trop importante. Une échelle doit être surélevée. Entre-temps, parmi les audacieux qui s'étaient précipités, se trouvait Jean. — Arrête, mon garçon, cria La Hire en le retirant. "Je ne pense pas que ton crâne soit assez solide pour résister au gourdin de ce type." Il a souligné la brèche. Jean leva les yeux et vit un géant debout dans l'ouverture, brandissant un énorme gourdin et riant avec une joie diabolique alors qu'il réduisait tout autour de lui en morceaux. — Attendez un peu, dit La Hire. "Je pense que votre homonyme, le tireur, peut empêcher ce type de rire." Il avait raison. La catapulte lança un rocher dans les airs, le géant leva les bras en l'air et tomba en arrière du mur, un grand cri accompagnant sa chute.

Jeanne se précipita sur l'échelle en criant « En avant, en avant, mes braves », mais une pierre la jeta à terre.

"Hourra!" crièrent les Anglais, la sorcière est morte. Leur joie fut cependant de courte durée. La peur les saisit à nouveau, car non seulement ils l'entendirent rassurer son entourage, mais ils la virent se préparer à gravir à nouveau l'échelle.

— Très bien, mon garçon, dit La Hire tandis que Jean se précipitait de nouveau. "Je suis avec toi cette fois." Ils gravirent rapidement l'échelle, mais lorsque Jean atteignit le sommet, certains Anglais avaient été renversés et d'autres s'enfuyaient vers la ville. Parmi ceux qui avaient été renversés se trouvait Alexandre de la Pôle. Lorsque le duc de Suffolk vit son frère tombé et les Français affluer, il abandonna le combat et, comme les autres, se tourna vers la ville.

"Arrêt! arrêt! se rendre!" Cria une voix forte. Suffolk s'arrêta et regarda son poursuivant. Il aurait pu le vaincre avec peu d'effort, mais il ne considérait pas comme chevaleresque de profiter d'un ennemi. "Qui es-tu?" Il a demandé.

« Jean Renault », fut la réponse.

"Noble?"

"Oui."

"Chevalier?"

"Non."

"S'agenouiller."

Jean obéit. Le duc leva son épée et, en disant : « Au nom de Dieu et de saint Georges, je te nomme chevalier », il lui donna trois coups sur l'épaule avec le plat de la lame, puis lui tendit son épée.

Jean se leva, porta la main du duc à ses lèvres et prit son épée en disant : « Je ne mérite pas cet honneur, monseigneur duc, mais je suis très fier de recevoir l'épée du premier des héros d'Angleterre.

« Vous avez raison », dit une voix grave derrière lui ; et, comme en bénédiction, La Hire lui posa sur la tête sa main en maille. « Vous avez raison, dis-je. Toute la chevalerie de France vous en voudrait de cette épée. Par saint Georges, je suis aussi heureux que si j'avais vu cette épée dans la main de mon propre fils.

« La parole du noble La Hire, dit le duc , est une garantie suffisante que mon épée sera dignement portée, sir Jean Renault ; il n'y a aucune tache dessus, gardez sa pureté. Les sentiments de Jean l'envahirent et il ne put répondre.

Après la prise de Jargeau , Jeanne se reposa un moment, tout en envoyant des renforts à Orléans, car d'autres victoires doivent encore être remportées dans le district de la Loire. Alors que sa renommée attirait chaque jour des recrues sous sa bannière, la peur de son nom était si accablante que Meung , Beaugency , Guétin et d'autres villes se rendirent sans opposer de résistance. Les forces anglaises venues de Paris sous Talbot et Falstaff furent vaincues à Patay et deux de ses généraux furent faits prisonniers. L'évacuation de Paris fut le résultat de cette bataille. [25]

Jeanne revint avec le duc d'Alençon à Orléans, et de là se rendit à Gien voir le Dauphin. « Sire, dit-elle, le pays de la Loire est désormais dégagé. Accompagnez-moi à votre couronnement à Reims.

Le Dauphin hésitait encore. "Le chemin est encore dangereux", a-t-il déclaré. « De nombreux châteaux et villes de Champagne sont encore aux mains de l'ennemi. Comme il leur serait facile de tomber sur nos arrières depuis la Normandie. Ses conseillers présents ont décidé que ses craintes étaient fondées.

« Oh, vous les saints du ciel, s'écria la jeune fille les yeux brillants d'enthousiasme, aidez-moi à inspirer au noble Dauphin un peu de ce courage que vous m'avez donné ! Sa prière fut immédiatement exaucée. Le roi a été ému par ses yeux émouvants, sa foi inébranlable et sa noble inspiration. «Oui, Joan, nous te ferons confiance», s'est-il exclamé. "En route pour Reims."

Les commandes partaient dans toutes les directions. Les chefs et leurs troupes se rassemblèrent rapidement et la marche commença. Jeanne menait l'avant-garde. A l'annonce de sa venue, les villes d'Auxerre, Saint- Florentin , Châlons et Sept- Sceaux capitulèrent. Troyes ne se rendit que lorsque les préparatifs d'assaut furent faits. A Sept- Sceaux , à quatre lieues de Reims, ils se reposèrent. Charles envoya alors trois de ses principaux conseillers à San Remy pour aller chercher l'huile sainte qui y était conservée. [26] Ils revinrent, escortés par un grand cortège dirigé par l'abbé de San Remy, qui marchait sous un dais, portant la fiole.

De toutes les tours de Reims, les cloches annonçaient la mémorable cérémonie du 17 juillet 1429 qui achevait la mission de Jeanne. Le carillon de l'orgue et un majestueux hymne de louange ont accueilli la longue procession du couronnement à son entrée dans la cathédrale Saint-Denis. Jeanne accompagna le roi jusqu'au vestibule, où l'archevêque de Reims le rencontra et le conduisit au maître-autel. Le chœur était occupé de chaque côté par les commandants et les principaux dignitaires, chevaliers et seigneurs, écuyers et serviteurs, tandis qu'une grande multitude de personnes remplissaient la cathédrale au maximum de sa capacité. Jeanne se tenait à côté du roi, les yeux brillants d'une joie sacrée, tenant sa bannière dans sa main gauche et son épée dans sa droite. [27] C'était une position que d'ordinaire seuls les premiers maréchaux du royaume avaient le droit d'occuper ; mais personne ne lui remettait en question son droit ni ne l'enviait.

Le dernier acte de la cérémonie fut le couronnement de Charles.

La cérémonie sacrée commençait à neuf heures du matin et durait jusqu'à deux heures de l'après-midi. La cérémonie d'ouverture était la prestation du serment par l' archevêque , au cours de laquelle Jeanne, suivant l'ancienne coutume, tenait son épée au-dessus de la tête du roi. Puis vint l'adoubement, car Charles n'avait pas encore reçu cet honneur, sans lequel il ne pouvait monter sur le trône. Il s'agenouilla et le duc d'Alençon le fit chevalier. La troisième cérémonie était la consécration et l'onction avec l'huile sainte, et était célébrée par l' archevêque . Le dernier acte fut son couronnement par le même prélat. Dès que le symbole royal brillait sur sa tête, la cathédrale retentissait des acclamations enthousiastes de la grande multitude : « Salut, salut, roi Charles Sept ! accompagné d'une fanfare de trompettes, de roulements de tambours et de chorals majestueux.

Jeanne fut la première à proclamer allégeance à la Couronne. Elle se jeta aux pieds du roi, et après lui avoir baisé le genou : « Sire, la volonté de Dieu est accomplie. Vous êtes désormais le vrai roi de France. Ma mission est terminée. Permettez-moi de rentrer chez moi et de reprendre l'humble vie de bergère.

« Non, Jeanne, répondit le roi, je ne peux pas vous épargner. Tout ce que je suis maintenant est dû à toi. Vous devez m'accompagner au retour.

Jeanne se leva tristement. Elle sentait qu'en restant plus longtemps, elle désobéirait aux voix divines qui lui avaient chargé d'accomplir seulement les deux tâches désormais accomplies avec succès. Le roi la récompensa en accordant un brevet de noblesse à toute sa famille, d'où son nom de « Jeanne d'Arc ». Ses armoiries étaient un bouclier bleu avec deux lys d'or et une épée d'argent portant une couronne d'or sur sa pointe. Ces distinctions n'intéressaient cependant guère Jeanne. Elle devenait de plus en plus triste et désirait ardemment ses champs natals et son arbre aux fées bien-aimé. Ce sentiment est devenu encore plus intense lorsque son frère Pierre est arrivé ; mais elle se précipita joyeusement dans ses bras et fut un peu consolé lorsque le roi le nomma page, et elle savait qu'il ne la quitterait jamais. Elle a participé à de nombreuses autres opérations militaires ; mais bien qu'elle entra dans de nombreuses villes dont les portes s'ouvraient au son de son nom, bien qu'elle fût partout saluée comme une sainte et accueillie par des acclamations enthousiastes et des chants de louange, elle ne ressentit plus la foi inconditionnelle d'antan et l'inspiration sacrée. Un mouvement malheureux contre Paris, dans lequel elle fut de nouveau blessée, la confirma dans la croyance qu'elle avait outrepassé son devoir et qu'elle n'était plus sous la protection de ses saints. Elle était hantée par de sombres pressentiments de mort. Ils la poursuivirent en rêve, et enfin elle supplia de nouveau le roi de la laisser partir.

« De quoi as-tu peur, Joan ? dit le roi. « Si vous êtes blessé, j'aurai soin de vous guérir. Si vous êtes capturé par les Anglais, je vous relâcherai, si cela coûte la moitié de mon royaume. Vous êtes l'ange gardien de la France. Je ne peux pas te laisser partir." Il la plaça à la tête de son propre corps et la renvoya une fois de plus dans le tumulte de la bataille.

Le 27 mai, Jeanne apparaît avec son armée devant Compiègne [28], occupée par les Français mais étroitement investie par le duc de Bourgogne, allié des Anglais. Elle entra avec succès dans la ville et fut bien sûr reçue avec le plus grand enthousiasme. Le lendemain, de bonne heure, elle fit une sortie à la tête de six cents soldats. Elle portait son armure habituelle, avec une courte cape en vermeil par-dessus, et portait sa petite hache de combat, son épée et sa bannière.

L'armée de Philippe de Bourgogne était composée de troupes expérimentées et ses différentes divisions étaient dirigées par Noyelles , Jean de Luxembourg et Jean de Montgomery. Jeanne les balayait comme un tourbillon, emportant tout devant elle et les plongeant pour un moment dans une confusion totale. Un cri de terreur : « La Jeune Fille, la Jeune Fille » s'éleva dans le camp, mais lorsque Philippe de Bourgogne apparut avec des renforts, les Anglais, remis de leur première surprise et de leur première confusion, commencèrent à tenir bon. Se retrouvant confrontée à une force décuplée, elle ordonna la retraite. Elle était la dernière de la ligne et était étroitement pressée par l'ennemi, mais lorsque les plus audacieux d'entre eux s'approchaient trop près, elle se tourna vers eux et les repoussa. De cette manière, elle réussit à se frayer un chemin jusqu'à la porte. Comme il y avait là beaucoup de monde et de désordre, elle se retourna une fois de plus à la tête de son arrière-garde contre ses poursuivants et les repoussa, laissant ainsi à ses troupes le temps d'entrer dans la ville ; mais lorsqu'elle se précipita elle-même vers la porte, elle trouva une troupe anglaise qui lui barrait le passage. Elle frappa à droite et à gauche et se fraya un chemin ; mais hélas! la porte était fermée. Personne n'entendit son appel, personne n'ouvrit la porte, car on craignait que les Anglais ne se précipitent. Jeanne fit tourner son cheval, espérant atteindre la rase campagne ou trouver une autre porte. L'ennemi, voyant qu'elle chevauchait seule, reprit courage. Elle fut rapidement encerclée et un combat désespéré s'ensuivit. Un archer s'est glissé sous son cheval, l'a saisie par sa cape de velours et l'a tirée vers le bas. Elle rassembla toutes ses forces pour un dernier effort, mais, vaincue par le nombre supérieur, tomba épuisée sur ses genoux et continua de lutter avec le peu de forces qui lui restaient. Elle observait la ville avec envie, mais personne ne venait à son secours. Elle remit enfin son épée à Lionel, l'un des chefs du corps du duc de Luxembourg .

« La jeune fille est capturée », criaient les soldats. Les nouvelles volaient de lieu en lieu et de troupe en troupe. Les Anglais célébrèrent l'événement avec autant d'enthousiasme que s'ils avaient gagné une bataille rangée. Ils pourraient bien se réjouir, car les prouesses de Jeanne leur avaient coûté les deux tiers de leurs possessions françaises.

Le duc de Bedford, le comte de Warwick et l'évêque de Winchester chargent frère Martin, vicaire général de l'Inquisition, d'exiger la remise de « la sorcière » entre les mains de l'Église. Martin écrit au duc de Bourgogne :

« En vertu des règlements de notre ordre et du Saint-Siège romain qui nous en donnent autorité, nous vous supplions et ordonnons, sous les peines légales, de nous livrer la prisonnière, la jeune fille Jeanne, soupçonnée d'hérésie, afin qu'elle peut être poursuivi devant le tribunal de la Sainte Inquisition.

« Nous savons tous deux, dit le duc de Bourgogne à Jean de Luxembourg, que Jeanne n'est pas une sorcière mais une noble jeune fille, et que nous sommes tenus de livrer tous les nobles prisonniers à nos alliés anglais moyennant une somme de dix mille livres. . Mais nous savons aussi que la Jeune Fille est une exception, car il est tout à fait probable que Charles VII la rachètera, puisqu'il l'a promis. Jean de Luxembourg était satisfait, car il espérait obtenir plus du roi que des Anglais. Entre- temps , il envoya Jeanne à son château de Beaurevoir , où elle fut affectueusement accueillie par son épouse.

Les mois passèrent, mais Charles VII n'eut aucune nouvelle. Dans la vie luxueuse qu'il menait, il n'avait pas le temps de penser à son sauveur, à qui il avait promis de le racheter même si cela lui coûtait la moitié de son royaume. C'est pour cette raison que les Anglais tenaient à accélérer les choses. Ils chargent Cauchon , évêque de Beauvais, dans le diocèse duquel Jeanne avait été capturée, de lui demander de la lui remettre et de procéder à son examen. Ils offraient dix mille livres au duc de Luxembourg, la rançon d'un général, et une rente de trois cents livres au duc Lionel. À la mi- septembre , le duc de Luxembourg fit savoir à sa femme qu'il ne pouvait plus attendre, mais par sa plaidoirie sincère et son excuse selon laquelle le duc de Bedford n'avait pas encore envoyé l'argent, elle assura un nouveau répit à Jeanne.

Joan fondit en larmes en réalisant pour la première fois le véritable caractère de la situation. "Oh, je savais qu'il en serait ainsi!" s'exclama-t-elle. "Ils m'ont vendu, mais j'aime mieux mourir que d'être livré aux Anglais."

Par une soirée orageuse de novembre, les gardes du château entendirent un cri qui était audible même au-dessus du hurlement du vent. Ils se précipitèrent sur place et trouvèrent Jeanne dans les douves. Elle s'était jetée par la fenêtre, mais elle n'avait pas atteint son objectif. Elle n'était pas morte. Cet événement fit craindre à l'avare maître du château de perdre entièrement sa récompense, car comment pouvait-il garantir que cette jeune fille désespérée, malgré la plus grande vigilance, ne pourrait pas encore réaliser son dessein ?

Quelques semaines plus tard, la populace de Rouen se tenait devant une cage de fer suspendue à une tour. Des épithètes moqueuses et des insultes cruelles passaient de bouche en bouche et étaient accueillies par des rires indécents. Dans un coin de la cage était assis un personnage recroquevillé lié par des chaînes. Son visage ne pouvait pas être vu, car sa tête était inclinée par l'angoisse. L'un des membres de la foule a pointé sa lance vers elle pour lui faire lever les yeux. Il a réussi. Elle releva lentement la tête, et la foule regarda des yeux pleins de tristesse, des yeux pleins de pureté et de beauté, les yeux de Jeanne. Le duc de Luxembourg avait conclu son infâme marché. Il l'avait livrée aux Anglais.

Chapitre VI
Le martyre

Jean Renault était assis dans une taverne à Chinon , regardant distraitement les champs fleuris visibles de ses fenêtres. C'était un jour de mai 1431, et l'heure et la scène lui rappelaient douloureusement que c'était le troisième printemps depuis les incidents de la forêt et de l'église des Ursulines. Ce n'était cependant pas un rêveur, mais un homme d'action rapide et résolu. C'était la pensée qu'il avait été empêché d'accomplir le but sur lequel il tenait à cœur qui le rendait sombre et distrait. Un pas lourd interrompit sa rêverie.

"Ha! le méchant, s'écria La Hire en entrant, presque hors de lui de rage. « Le misérable sordide et vénal ! Le scélérat déshonorant, qui vendrait ce noble pour de l'or méprisable ! Mais laissez-le attendre ! Je le cherche et je suis sur sa trace !

– Noble monsieur, interrompit Jean, de qui parlez-vous ?

« De qui je parle ? De qui d'autre que Luxembourg ? Que-"

« Ah ! de lui! Moi aussi, je pensais à lui.

«Je peux bien le croire, mon garçon», car, bien que Jean soit devenu chevalier, La Hire continuait de l'appeler «mon garçon». «Je ne peux pas dormir à cause de ça. Honte et honte sur lui.

« J'aurais aimé qu'on soit à Compiègne . Nous aurions alors dû avoir la chance de le rencontrer.

« Oui, oui, pour le rencontrer… mais la pauvre jeune fille !

« Oui, la pauvre jeune fille ! Je pensais aussi à elle.

"Elle croupit dans une prison sombre."

"Oui, dans une prison sombre."

"Ses membres délicats sont chargés de chaînes."

"Oui, chargé de chaînes !"

"Condamné au pain et à l'eau, comme un criminel."

«Condamné au pain et à l'eau!»

« Elle, la sauveuse de la France !

« De qui parlez-vous, noble monsieur ?

« De qui je parle ? Saint Georges, de qui d'autre que Jeanne ?

« De Jeanne ? Je pensais que c'était de… »

« Ah, tu pensais à Marie ! Le pauvre enfant ! Que la vengeance de Dieu s'empare du Luxembourg !

"Et Jeanne ?"

"Ne sais-tu pas? Bien sûr que non, car je ne vous l'ai pas dit. Il l'a livrée, vendue aux Anglais, le méchant !

"Qui a?" s'écria Jean étonné.

"Le duc de Luxembourg."

« Que Dieu l'aide ! Et le roi ?

« Bah ! le roi! Il s'en fiche.

"Oh, c'est dommage!"

"Oh, quelle honte !"

« Mais par quelle autorité légale ont-ils mis Jeanne en prison ?

« Par quelle autorité légale ? Demandez aux prêtres qui l'ont condamnée.

« Les prêtres !

« Les Anglais vengeurs l'ont livrée à la Sainte Inquisition. L'évêque de Beauvais a dirigé les débats et elle a été condamnée à la prison à vie pour hérésie.

« À la prison à vie ! Mais comment pourraient-ils la convaincre d'hérésie ?

« Ils ne l'ont pas condamnée. Cette simple enfant réfuta toutes les accusations portées contre elle par ses réponses sensées et pieuses aux questions qu'on lui posait. Ils l'ont condamnée sous l'accusation d'avoir eu des relations sexuelles avec de mauvais esprits.

"Honteux, c'est honteux !" s'écria Jean en se levant de rage.

"Oui, horrible!"

"Adieu, noble monsieur."

"Quoi? Où vas-tu ?

« À Rouen. Vous devez me laisser partir. Je ne le demanderai pas au roi.

« Mais qu'allez-vous faire à Rouen ?

« Appelez à l'aide si cela est possible. Sauvez Joan même si cela devait me coûter la vie.

« Si je pouvais venir avec toi ! Mais je ne pourrais être d'aucune utilité. Tu n'atteindras pas ton objectif, mon garçon. Non seulement ils ont choisi une tour spéciale pour sa prison, mais ils l'ont solidement attachée avec des chaînes attachées à un poteau inaccessible à vous. Et il y a deux gardiens qui veillent constamment à l'extérieur et trois à l'intérieur de la prison.

« Mais même cela, noble monsieur, ne me décourage pas. Cela ne fait que me donner encore plus envie de partir ; et il y a autre chose qui me pousse à Rouen.

«Eh bien, que Dieu t'accompagne, mon garçon. Mais je vous préviens d'être prudent. J'aimerais pouvoir y aller aussi. Je vous demanderais d'attendre que je puisse être là, mais ce ne serait pas bien. Vous avez déjà attendu trop longtemps.

Le lendemain, Jean se rendit à Rouen déguisé en paysan. Tout en parcourant les districts récupérés, il chevauchait aussi vite que la force de son cheval le lui permettait, suivant le même itinéraire détourné qu'il avait emprunté lors de son premier voyage. Sur le dernier tronçon, il fit un détour encore plus large, qui le conduisit dans son propre quartier, où il rencontra, comme il s'y attendait, des paysans de sa connaissance. Il leur laissa son cheval et poursuivit son chemin à pied jusqu'à Rouen. Cette ville, ainsi que ses environs, était aux mains de l'ennemi et était si fortement garnie qu'on n'entendait guère que l'anglais dans les rues, ce qui causait à Jean beaucoup d'inquiétude. Son apparence n'attirait cependant pas l'attention, car les relations entre la ville et la campagne s'étaient progressivement rétablies et les paysans apportaient librement leurs produits au marché.

Le premier déménagement de Jean fut vers l'église Sainte-Ursule. Là, à l'endroit près du mur qui lui était si familier, il tomba à genoux, mais il ne put prier. Il pouvait entendre son cœur battre pendant qu'il écoutait ; mais lorsqu'il constata qu'il écoutait en vain et qu'il n'y avait aucun signe de vie de l'autre côté du mur, il redevint plus calme et pria avec ferveur le secours du Ciel. De retour à son logement , il se fit passer pour un de ces curieux qui affluaient de partout pour voir « la sorcière ».

« Vous êtes venu ici pour peu de chose, mon bon ami, » dit son hôte, « et pourtant il y a quelques spectacles qui vous récompenseront. Vous pouvez voir la cage dans laquelle la prisonnière était enfermée, et la tour dans laquelle elle est encore enfermée.

« Personne n'est autorisé à entrer dans la tour ? Je serais satisfait si je pouvais la voir même de loin.

« Pourquoi, à quoi penses-tu ? Personne ne devrait être autorisé à la voir, car elle a des relations sexuelles avec de mauvais esprits ! Comme il serait facile pour un de ces esprits de prendre l'apparence d'un paysan et de se joindre à une foule de curieux, comme s'il était l'un d'entre eux ! Maintenant, la porte de la prison s'ouvre ! Faire taire! l'esprit s'y met ! et ps -t—ils sont partis. Est-ce que tu vois? C'est comme ça avec les sorcières.

"Est-ce ainsi?"

"Oh oui! Ma grand-mère, bienheureuse… »

A cet instant, l'hôte bavard fut appelé. À son retour, il avait oublié son histoire dans son empressement à faire une annonce à son invité.

« Vous êtes un homme très chanceux », dit-il, rayonnant de joie.

"Comment ça?" répondit Jean.

« Eh bien, regarde-toi ! Je pensais que je l'étais aussi quand j'ai appris la nouvelle. Je suis parfaitement enchanté que vous n'ayez pas logé chez ce pitoyable Loup. Entre nous, je ne peux pas supporter cet homme. Il l'a fait récemment – mais je vous en parlerai une autre fois. Ce que je disais? Oh oui! Regardez, voici ma cousine, la chère et bonne femme ! Vous ne pouvez pas imaginer à quel point elle est pieuse. Son révérence, l' évêque , pourrait vous le dire. Eh bien, il a même recueilli ses aveux lui-même à maintes reprises !

"Oui, mais qu'est-ce que tout cela signifie?"

«Eh bien, cela signifie une bonne nouvelle. Je me suis enfuie pour vous le dire, car c'est encore un secret, et ma cousine a promis à sa révérence de n'en souffler mot à personne, et elle a d'abord dit à Charlotte...

"Mais quel est ce secret ?"

"Bien, qu'en pensez-vous? La sorcière a effectivement eu des relations sexuelles avec de mauvais esprits dans la prison !

« Ah ! Comment sais-tu ça?"

"Comment? Mon cousin pourrait vous le dire exactement. Laisse-moi voir, comment c'était ? Oh oui; Je l'ai. La sorcière avait promis de renoncer à toutes ses pratiques infernales et de porter des vêtements de femme. Ils furent donc amenés en prison ; mais on la retrouva le lendemain matin avec des vêtements d'homme. Voilà."

"Mais pourquoi en concluez-vous qu'elle a des relations avec de mauvais esprits ?"

"Pourquoi? Vous doutez encore ? Sainte Ursule ! sa révérence le dit. Ma cousine, la bonne femme, elle pourrait tout vous raconter ; mais elle vient d'aller à la messe.

"Mais tu allais m'annoncer une bonne nouvelle."

"Oh oui; Je l'avais presque oublié. C'est ça. Comme la sorcière a repris ses relations avec les mauvais esprits, il faudra la juger à nouveau.

"Eh bien, en quoi cela m'intéresse-t-il ?"

« En quoi cela vous intéresse-t-il ? Sainte Ursule ! N'est-il pas très intéressant pour vous que vous ne soyez pas venu ici en vain ? Lorsqu'ils condamneront à nouveau la sorcière, elle se tiendra sur une haute estrade, comme elle l'a fait la première fois, et vous la verrez aussi facilement que vous me voyez maintenant.

"Donc! C'est bien. Mais quand cela sera-t-il ?

« Je ne sais pas, petit ami. Mais, ps -t, mon cousin saura tout cela grâce à sa révérence.

« L'évêque est-il ici ?

"Pas encore; mais s'il ne vient pas aujourd'hui, il sera là demain matin.

"Eh bien, sûrement, je suis arrivé ici juste au bon moment."

« Ne vous l'ai-je pas dit ? Je suis si heureux que vous ne vous arrêtiez pas avec ce désagréable Loup, car il n'aurait pas pu vous dire un mot à ce sujet.

"Bien sûr que non. Il n'a pas de cousin si pieux qui avoue lui-même sa révérence. Mais puis-je aller maintenant voir la tour et la cage ?

« Certainement, petit ami ; mais écoute. Si vous rencontrez ce Loup, ne le saluez pas, ne le regardez même pas, car on dit qu'il a un mauvais œil, il pourrait vous ensorceler.

"Je le garderai à l'esprit."

A sa grande déception, Jean trouva la tour si bien gardée qu'il ne put apporter la moindre aide à Jeanne. Il décide de se retirer et d'attendre les événements avant de faire des projets, et en attendant de s'enquérir de Marie. Sur le chemin du retour, il apprit par les passants que l' évêque était momentanément attendu et qu'il passerait par là. Ne voulant pas s'exposer inutilement au regard du prélat, il entra dans l'église des Ursulines. C'était vide. Il se rendit à l'endroit habituel, et à peine eut-il posé son oreille contre le mur, qu'il entendit clairement un sanglot qui semblait sortir de la pierre. Tremblant d'excitation, il écoutait avec encore plus d'attention, mais en vain. Tout était silencieux. Avait-il ou non été trompé ? Tout d'un coup, il lui sembla que c'était la voix de la jeune fille dans la voiture qu'il avait rencontrée dans la forêt, et qu'elle ne pouvait être autre que Marie de Chafleur . Il a rapidement fait ses plans. Alors qu'il se tenait appuyé contre une porte près de laquelle il était agenouillé, apparemment en train de dévotion, il appuya un morceau de cire contre la serrure, se rendit aussitôt chez un serrurier dans une rue à l'écart et dit que son maître souhaitait une clé . réalisé à partir de l'impression.

Le lendemain soir, alors que tout Rouen était dehors pour voir entrer le jeune roi Henri d'Angleterre, Jean trouva de nouveau l'église vide. Il essaya sa clé et celle-ci ouvrit la porte. Il déboucha dans un long passage sombre qui longeait le mur. S'il avait raison dans ses calculs, il trouverait la prison entre ce passage et l'église. Il tâta le mur, car il ne voyait rien. Il avait raison. Il y avait une porte près du coin. Cela devait conduire à la prison d'où étaient sortis des sanglots. D'une main tremblante , il prit une autre impression, revint à tâtons, ferma la porte dans le mur de l'église et partit. Le lendemain, il obtint la deuxième clé. Il abandonna alors l'Église pour un temps et se consacra exclusivement au sort de Jeanne. Les bruits les plus étranges circulaient à son sujet ; mais ils étaient si incroyables et en même temps si terribles, qu'il n'y prêta guère attention. Ce qui le peinait le plus, c'était la certitude qu'il ne pouvait rien faire pour l'aider.

Ainsi en était-il en ce 30 mai de la mémorable année 1431. Le soleil brillait gaiement ce matin-là, et les oiseaux chantaient joyeusement dans les arbres et parmi les fleurs. Les portes de Rouen étaient grandes ouvertes. De loin et de près, la multitude se rassemblait. Il y avait une mer de têtes sur les côtés de la grande place du marché et dans les rues qui y conduisaient, et les fenêtres et les toits étaient bondés. Au milieu de la place se trouvaient trois hautes plates-formes. Deux d'entre eux, qui se faisaient face, étaient évidemment réservés aux personnes directement concernées par la procédure. L'intérêt général se concentrait cependant sur la troisième plateforme, dont l'utilisation ne faisait aucun doute. Le parquet reposait sur un tas de bois disposé de telle sorte que les bûches formaient des marches, et du centre de la plate-forme s'élevait un pieu à hauteur d'homme. La base du tas était entourée de fagots de fagots enduits de résine et de poix.

--Allons, petit ami, dit l'aubergiste à Jean en montant un escalier. «J'ai un bel endroit pour voir. Je suis bien contente que tu ne t'arrêtes pas avec ce misérable Loup... mais, sainte Ursule ! Es-tu malade? Ta main est aussi froide que la glace.

"Je ne me sens pas très bien", répondit Jean, "et j'aimerais mieux y retourner."

"Quoi! Vous n'avez pas l'intention de partir au moment où le spectacle commence ! Je vais te chercher une petite potion que ma cousine, la bonne femme... mais, sainte Ursule ! les tambours sonnent déjà. Les juges montent au grand tribunal. Regardez, il y a sa révérence. Il a en main le parchemin qui contient la phrase. Faites attention. Il le lira bientôt.

Jean n'a pas entendu un mot. Ses yeux étaient fixés sur un endroit lointain d'où, accompagné du roulement des tambours et des cris de la multitude, un cortège se frayait lentement un chemin à travers la foule.

"Voyez-vous le chariot?" dit l'aubergiste. « Voyez-vous la sorcière dedans ? Elle est assise à côté du Père Martin. Ce saint homme a prié à ses côtés toute la nuit pour que le mauvais esprit l'abandonne. Sainte Ursule ! Voyez comme ils l'ont liée ! Ses mains sont attachées et ses pieds sont entourés d'anneaux de fer avec une chaîne entre les deux.

La charrette arriva bientôt sur la place. Jeanne fut conduite jusqu'à la deuxième estrade par le Père Martin. L'évêque de Beauvais lut la phrase dans le profond silence de la multitude :

« Au nom de Dieu, Amen.

« Nous, Évêque de Beauvais, Maître et Vicaire de l'Inquisition, prononçons la sentence. Comme Jeanne, communément appelée « la jeune fille », est retombée dans l'hérésie et l'apostasie, elle est excommuniée et livrée au pouvoir séculier pour qu'il inflige le châtiment prévu pour l'hérétique.

Certains auraient applaudi, mais ils n'ont trouvé aucun encouragement, car Jeanne était tombée à genoux et priait, et lorsqu'elle relevait la tête, son visage était comme celui d'un ange. Beaucoup ont commencé à comprendre qu'elle n'était pas une criminelle, et de forts sanglots, indiquant un changement croissant de sentiments, ont été entendus ici et là. Constatant cela, les juges hâtèrent leur travail. Un serviteur s'est approché d'elle et lui a placé une casquette pointue sur la tête avec les mots « Hérétique, relapsus , apostate, idolâtre », écrits dessus. Il la fit ensuite descendre les marches et la conduisit jusqu'au bûcher au pied duquel l'attendait le bourreau.

«Ne me quittez pas, père Martin», implora-t-elle, tandis que le bourreau la saisissait et la traînait jusqu'à l'estrade. Le père la suivit et resta avec elle pendant que le bourreau l'attaquait au bûcher puis se tournait pour descendre.

« Priez pour moi, priez tous pour moi », a-t-elle crié au peuple.

Le bourreau s'empara d'une torche et alluma les fagots au pied du tas. Les flammes montèrent rapidement.

« Pour l'amour de Dieu, mon père, s'écria Jeanne, prends garde ! Vite, vite, dépêche-toi, mais tiens le crucifix haut devant moi jusqu'à ma mort.

Martin a fait ce qu'elle avait demandé. L'évêque de Beauvais s'approche.

« Évêque, évêque, dit Jeanne avec reproche, vous êtes la cause de ma mort », puis, sentant la chaleur, elle s'écria : « Ô Rouen, je crains que vous n'ayez à souffrir pour ma mort. »

Les flammes montèrent plus haut. Un épais nuage de fumée la cachait, mais de temps en temps le vent le balayait, et les gens voyaient, non pas une sorcière du diable, mais un ange en prière avec des yeux merveilleusement beaux fixés sur le ciel. Soudain, les flammes s'emparèrent de ses vêtements. Son dernier mot fut « Jésus », puis un cri de mort perçant, et tout fut fini.

Les flammes montèrent plus haut et les gens virent, non pas une sorcière du diable, mais un ange en prière, les yeux fixés sur le ciel.

Ainsi périt la Pucelle d'Orléans, sauveuse de la France. Elle est morte oubliée et abandonnée de celui pour qui elle avait tout fait, trahie par l'avidité de ses propres compatriotes, accusée par vengeance par ses ennemis. Elle mourut de la mort la plus cruelle , et pourtant elle était aussi naïve et pure que lorsqu'elle était assise sous l'arbre aux fées, s'occupant de ses agneaux. Jeanne est une figure unique dans l'histoire du monde. Simple paysanne, ne sachant ni lire ni écrire, et ne connaissant que le Notre Père, le Credo et l'Ave Maria, elle obtint par son don d'inspiration des résultats si extraordinaires que ses contemporains et la postérité, dans leurs efforts pour les expliquer, ont eu attribuer tant de miraculeux à ses actes que certains ont douté de son existence même.

La vieille place du marché de Rouen offrait alors un autre spectacle. "Hélas! Hélas! nous avons brûlé un saint », ont déclaré beaucoup. La foule resta longtemps, comme rivée sur place, à regarder l'incendie qui consumait les derniers vestiges de la victime.

L'aubergiste lui-même était tellement bouleversé qu'il oublia complètement son compagnon. Lorsqu'il se tourna pour lui parler, Jean était parti.

Chapitre VII
La rescousse

Marie de Chafleur avait supporté son emprisonnement avec un courage inébranlable. Elle était résolue à ne pas être forcée de faire ce vœu, et même si elle souffrait beaucoup dans sa prison humide et sombre, elle qui pouvait encore prendre un plaisir enfantin à chaque petite fleur, elle restait fidèle à sa résolution.

L'abbesse, qui avait été si favorablement impressionnée par elle lors de leur première rencontre, fut encore plus impressionnée par sa fermeté et lui permit de lui rendre visite. À une de ces occasions, l'abbesse dit gentiment : « Vous me chagrinez, ma fille. Votre obstination pourrait m'obliger à adopter des mesures sévères.

Marie ne répondit rien. Elle regardait par la fenêtre ouverte le jardin, maintenant en pleine floraison, et était si absorbée par la vue qu'elle n'entendit pas l'abbesse. Son visage était tout illuminé d'excitation, ses yeux pétillaient et elle frappait joyeusement dans ses mains. "Oh, comme c'est beau, comme c'est beau !" s'écria-t-elle en s'approchant de la fenêtre. "Oh, si je pouvais être parmi ces fleurs !"

« Vous êtes enfantine », dit l'abbesse, sans toutefois manifester de mécontentement. "Écoutez et faites attention à ce que je dis."

Marie essuya ses larmes montantes et regarda le visage de l'abbesse. « Il n'y a pas si longtemps que tu étais aussi jeune que moi, dit-elle, et, oh ! comme tu devais être belle sans ce voile ! Dis-moi, tu ne t'es jamais amusé dans les prairies fleuries ? N'avez-vous jamais chassé les jolis papillons, jamais écouté les chants des oiseaux, jamais respiré le parfum des fleurs ? Oh, dis-moi.

« Pourquoi évoques-tu de tels souvenirs, mon enfant ?

« Oh, oui, je le sais, et vous pouvez donc me comprendre quand je vous dis qu'il m'est impossible de rester entre ces murs. Je dois y aller. Sûrement, noble dame, vous ne me retiendrez plus ici. Oh, ouvre les portes et laisse-moi sortir. J'irai à pied et je parcourrai tout seul le pays jusqu'à ce que je retrouve mon oncle. Et même si je ne le trouvais pas et que je devais souffrir de la faim, de la soif, du froid et de la chaleur, je serais quand même heureux. Alors encore une fois, noble dame, je vous implore de me laisser partir.

"Enfant, enfant, tu me demandes des choses impossibles."

"Pourquoi impossible?"

"Vous n'avez aucune idée de l'obéissance implicite qui nous est demandée."

"Mais, noble dame, vos vœux et votre discipline ne vous lient que dans vos relations avec la vie du couvent, pas avec le monde extérieur."

« Tu te trompes, ma fille. Nous devons en toutes choses une obéissance inconditionnelle à nos supérieurs. Tout ce qu'ils nous demandent est juste. Ce n'est pas à nous de remettre en question ou de décider.

« Comment ça se passe, noble dame ? Après vous être consacré au Ciel, pouvez-vous suivre aveuglément la dictée humaine ?

"Enfant, la volonté de l'Église devant laquelle nous nous inclinons est la volonté du Ciel."

"Je ne comprends pas cela."

"C'est parce que vous n'êtes pas dans le bon état d'esprit pour le comprendre."

"C'est peut-être vrai, mais je suis sûr d'une chose."

"Qu'est-ce que c'est?"

"Que tu ne m'empoisonnerais pas même si on te l'ordonnait."

" Mon enfant, " dit l'abbesse étonnée, " qu'est-ce qui t'a mis à l'esprit une pensée aussi terrible ? "

"Parce que, bien qu'inconsciemment, vous avez réellement commencé à le faire."

« Tu me choques ! Que veux-tu dire? Que j'empoisonnerais...

« Le poison de l'atmosphère de la prison, noble dame, me tue aussi sûrement que s'il s'agissait d'un véritable poison. Alors encore une fois , je vous implore de me laisser partir. Ne vous dégradez pas en devenant partie prenante à la conspiration honteuse qui a été planifiée contre moi.

L'abbesse aurait pu répondre plus longuement à Marie, mais elle était trop convaincue de la vérité de ses paroles et de l'injustice qui avait été commise à son égard pour le faire ; et d'ailleurs, la douceur de nature et les manières enfantines de Marie gagnaient de plus en plus non seulement sa sympathie mais son affection.

« Je ne peux pas te donner ta liberté, ma fille, répondit-elle, mais je ferai tout ce que je peux pour toi. Vous pourrez rester dans le jardin pendant la journée, mais lorsque l' évêque sera là, vous devrez retourner à la prison. Peut-être que la douceur peut accomplir plus que la sévérité. C'est en raison de cet espoir, rappelons-le, que je fais cette concession. Vas y. Voici la clé du jardin.

Marie lui baisa la main avec ferveur et s'enfuit. L'abbesse se dirigea vers la fenêtre et la regarda pensivement. L'expression joyeuse de son visage montrait que son cœur approuvait ce que sa raison et son sens du devoir condamnaient à moitié.

La vie de Marie devint alors plus gaie, car l'abbesse tint parole. Non seulement elle lui permettait d'aller quotidiennement au jardin, mais elle lui avouait sa confiance. Bien sûr, elle n'avait pas la moindre idée que cela l'inciterait à rejoindre l'ordre, mais elle estimait que si leurs relations devenaient intimes, elle ne soupçonnerait pas un tel objectif.

Pendant tout ce temps, Jean de Luxembourg administrait les affaires comme s'il était le propriétaire légitime des biens de Marie et ignorait jusqu'à présent tous ses droits, au point qu'après avoir déduit la somme relativement modeste due à l'évêque, il mit le reste des recettes dans sa propre poche. sans autre cérémonie. Il semblait en fait que les deux hommes pouvaient peu à peu atteindre leur objectif. Même si Marie se sentait très heureuse lorsqu'elle mettait les pieds pour la première fois dans le jardin du couvent et que l'abbesse la traitait avec tant d'affection, les roses sur ses joues commençaient à pâlir, et lorsqu'elle se trouvait seule dans son étroite prison pendant les visites de l'évêque, ses soupirs douloureux montraient qu'elle n'était pas dans sa bonne humeur habituelle. Même dans le jardin, sa joie s'évanouissait dès qu'elle s'approchait du haut mur qui l'entourait. La conscience qu'elle était prisonnière aigrit toutes les joies et finit même par rendre le jardin inappréciable. Dans ce triste état d' esprit , les scènes de son enfance lui semblaient comme des points lumineux dans un paradis perdu. A mesure qu'elle se rappelait le bonheur de ce paradis, plus elle se rendait compte de l'injustice qui l'en avait chassée. Ce jour-là où tout Rouen assistait à l'affreux spectacle du vieux marché, elle restait plus triste que d'habitude dans sa prison. Bien sûr, elle ne savait pas ce qui se passait, car aucune nouvelle du monde extérieur ne parvenait jamais à l'intérieur des murs du couvent. Quelle qu'en ait été la cause, que sa détention ait cette fois été plus longue que d'habitude, ou qu'elle ait peint avec des couleurs trop vives le bonheur perdu de son enfance, elle était plus malheureuse que d'habitude.

"Mon Dieu! Mon Dieu!" gémit-elle, « m'as-tu complètement abandonné ? Quel crime ai-je commis qui mérite une expiation si effroyable ? Si je suis innocent, pourquoi les hommes impies devraient-ils triompher ? Et toi, mon oncle ! Est-ce parce que vous êtes mort que votre secours tarde si longtemps ? Oh! brave homme qui, tout seul, a affronté ces voleurs dans la forêt ! Pourquoi t'attendre si longtemps ? Vous êtes-vous trompé ? Ne suis-je pas celui pour qui tu as tant osé ? Oh, tais-toi, cœur insensé, de peur que je ne me persuade que je suis vraiment celui-là.

Elle reprit peu à peu son calme, sourit à travers ses larmes et se perdit dans des fantaisies d'un autre genre. Enfin, effrayée par ses propres pensées, elle reprit : « Ô Sainte Vierge, protège-le ! Gardez-le loin d'ici. Ceux contre lesquels il voudrait lutter seul sont trop forts pour lui. Protégez-le."

Tandis qu'elle prononçait ces derniers mots, il y eut un léger bruit à la porte. « On vient me faire sortir, se dit-elle ; "L' évêque est parti." Elle essuya ses larmes et s'avança. La porte s'ouvrit, mais c'était la silhouette d'un homme qu'elle aperçut dans la pénombre, pas la sœur gardienne.

"C'est toi, Marie de Chafleur ?" murmura l'étranger, car il ne voyait rien dans la prison.

"Mon Dieu! qu'est-ce que c'est? Qui es-tu?" dit à voix basse la jeune fille terrifiée.

"Tais-toi", murmura l'inconnu. « Si vous êtes Marie de Chafleur , prenez ce paquet. Il contient la robe d'un page. Accélérer! Je surveillerai dehors.

La pauvre fille trembla comme une feuille de tremble, mais elle prit le paquet. Elle resta debout quelques secondes, comme hébétée, mais prit rapidement sa décision et retourna dans la prison. Il lui fallut quelque temps avant de pouvoir changer de costume, car ses mains tremblantes n'étaient pas aussi adroites que d'habitude, mais enfin elle sortit dans le couloir, déguisée.

"Donnez-moi tous vos vêtements", murmura l'étranger, "car s'ils restent ici , ils vous trahiront."

Marie les lui apporta, et après en avoir fait un paquet exactement pareil à celui qu'il avait apporté, il prit par la main la jeune fille tremblante et la conduisit jusqu'à la porte de l'église. Puis il a écouté. Tout était calme. « Doucement, doucement », murmura-t-il alors qu'ils quittaient l'église.

Qui peut imaginer l'heureuse surprise de Marie lorsqu'elle regarda en plein jour le visage de son protecteur pour le salut duquel elle venait tout à l'heure d'invoquer la Vierge ? Il n'y avait pourtant guère de temps pour l'émotion, car à peine Jean avait-il fermé la porte qu'ils entendirent des voix et des pas dans la rue. Il entraîna Marie rapidement, et ils s'agenouillèrent ensemble comme s'ils étaient engagés dans leurs dévotions, tandis qu'il écoutait attentivement tous les bruits près de l'entrée ; mais les pas qu'ils avaient entendus étaient ceux des passants. Jean murmura : « Je crois que nous avons réussi. Rendons grâce à la Sainte Vierge et à sainte Ursule. D'une voix tremblante, ils murmurèrent leur gratitude, puis Jean dit à voix basse : « Vous sentez-vous assez forte, noble dame, pour continuer seule ?

"Oh, je serai aussi forte qu'un homme quand je serai loin, très loin d'ici", répondit-elle.

«Je vais prendre les devants», a déclaré Jean. « Suivez-moi à quelque distance, afin que personne ne soupçonne que nous nous connaissons. La ville entière est en émoi et remplie d'étrangers à cause de l'exécution. Ils ne nous prêteront pas beaucoup d'attention. Ne regardez pas beaucoup autour de vous, de peur que quelqu'un ne vous reconnaisse. Gardez les yeux baissés, et ils penseront que vous avez été submergé par le spectacle épouvantable. De cette façon, nous pourrons franchir la porte comme les autres étrangers qui rentrent chez eux, et ensuite la Sainte Vierge nous aidera pour le reste du chemin.

Jean se leva et quitta l'église, et Marie suivit ses instructions. Tout s'est passé comme Jean l'avait dit. Les deux hommes rencontrèrent de nombreux groupes debout dans les promenades ou passant dans les rues et franchirent enfin la porte en toute sécurité. Marie pouvait à peine retenir son exultation, mais Jean continuait son chemin calmement, se précipitant vers la forêt aussi vite qu'elle pouvait le suivre. La joie de Marie augmentait à mesure qu'elle était sûre d'être sauvée, car elle ne pouvait croire qu'il eût été laissé une trace qui révélerait la manière dont elle s'était enfuie. Elle regarda autour d'elle, et constatant que personne ne les suivait, elle exprima son bonheur.

« Mon noble sauveur, dit-elle, je ne peux plus me taire et me conduire en capucin. Cela ne correspond pas à mon costume, vous savez. Je dois exulter ; Je dois crier, sinon je mourrai ici, devant toi… »

– Pas encore, dit Jean sans se retourner. « Ce n'est pas le moment de crier, encore moins de mourir. Nous ne sommes pas encore en sécurité, même si la partie la plus difficile de notre entreprise a été accomplie. Votre exultation serait remarquée dans la ville, et alors il y aurait beaucoup de curiosité parmi les pages pour savoir qui était si grandement satisfait de cet horrible spectacle. Durant les prochains jours , ils remueront ciel et terre pour attraper le fugitif. Alors quelqu'un sera sûr de se souvenir de la page exultante d'aujourd'hui.

Les conseils de Jean firent une telle impression sur Marie qu'elle se retint ; mais lorsqu'elle se trouva à l'abri de la forêt et que Jean l'attendait, elle ne put plus rester en place. Elle a volé plutôt que couru sur le tapis vert. Ses sentiments l'ont submergée lorsque, pour la première fois, elle s'est retrouvée dans le temple majestueux de la Nature et en a ressenti la magie subtile et mystérieuse. Elle tomba à genoux et déversa une véritable passion de gratitude envers le Ciel. Elle remerciait la Vierge pour le bonheur dont elle avait été si longtemps privée, pour son sauvetage et surtout pour la protection qui avait été accordée à son sauveur. Puis elle se tourna vers Jean, et ses yeux pleins de larmes trahissaient les émotions de son cœur.

«Je n'ai pas de mots pour vous remercier, vaillant chevalier», dit-elle.

ma noble dame, répondit Jean, si vous saviez combien cela m'a fait plaisir de vous avoir amené jusqu'ici, vous me croiriez même trop richement récompensé. Mais pensons d'abord à la joie que cela apportera au noble La Hire.

"Quoi!" s'écria Marie, tu m'emmènes à La Hire ?

"Oui! Mais dépêchons-nous, afin que nous puissions quitter le district anglais avant que la nouvelle de votre fuite ne se répande à l'étranger.

Ils repartirent et rencontrèrent bientôt les paysans chez qui Jean avait laissé son cheval. Il en acheta un autre pour Marie et ils partirent ensemble. Une fois de plus, il parcourut en toute sécurité la route dangereuse et, le lendemain, ils dépassèrent la dernière ville occupée par les Anglais. Ils ne rencontrèrent aucune difficulté pendant le reste du voyage, et après avoir changé de costume au logement de Chinon , Jean emmena Marie chez La Hire.

La Hire n'était pas au courant de leur arrivée à l'auberge. Il était très ému, car il venait d'apprendre la nouvelle de la mort de Jeanne. Excité au plus haut point de fureur, il avait maudit ses ennemis, puis s'était jeté sur une chaise et avait sérieusement débattu s'il ne devait pas briser son épée plutôt que de servir plus longtemps un tel roi. Il était cependant d'une nature trop noble pour prendre une telle décision. Il y avait encore des ennemis à combattre pour la patrie, et il avait d'autres devoirs à accomplir. Il venait de prendre sa décision, lorsqu'il entendit une voix bien connue derrière lui.

«Voici, noble monsieur, est Marie de Chafleur .»

Le chevalier se leva. Les mots ne peuvent décrire sa joie. Il se tenait comme une statue, les yeux fixés sur elle.

"Quoi!" s'écria-t-il enfin, cette charmante fille est-elle la petite Marie, l'enfant de ma sœur ? Il ouvrit grand les bras et elle vola vers son étreinte. Il lui embrassa les cheveux et lui caressa affectueusement les joues.

« Mon pauvre enfant, dit-il doucement, comme tu as dû souffrir ! Marie ne répondit que par un soupir.

« Tu me raconteras tout cela une autre fois. Tais-toi maintenant, ma fille. Désormais, personne ne fera plus de mal à un cheveu de ta tête. Et ce Luxembourg ! Par saint Georges, il me fera réparation pour chaque larme que vous aurez versée.

Il reprit sa place, puis se tourna vers Jean.

« Viens à mon cœur, mon fils. Je savais que tu étais aussi courageux, déterminé et vaillant que n'importe qui , mais je ne pensais pas que tu ramènerais cet enfant. J'ai hâte de savoir comment vous avez fait, mais en ce moment je suis trop rassasié sous mon pourpoint pour écouter. Je crois qu'il y a des larmes qui coulent sur ma barbe. Je ne sais pas quand cela s'est déjà produit auparavant. Ce doit être parce que c'est une vraie joie de cœur que tu m'as donnée, mon garçon. Oui, oui, vous et la pauvre Jeanne avez tous deux montré ce qu'un objectif résolu peut faire lorsqu'il est persévéré jusqu'au bout. Enfants, s'écria-t-il à eux deux, vous m'avez rajeuni. La fin se passera bien. Tout à l'heure, je décide de combattre encore plus longtemps les Anglais, et je sais, en jetant un regard vers Jean, qui sera avec moi. Mais ce n'est pas la fin, je veux dire. Ce n'est qu'un devoir commun. Je connais une fin plus belle que ça. Il regardait avec des yeux joyeux de Jean à Marie et de Marie à Jean. "Oui, une fin plus belle que celle-là, et par Saint Georges je l'accomplirai."

Le vaillant chevalier y est parvenu. Deux ans seulement après ce jour, il se tenait sur les marches d'un château seigneurial, plus heureux peut-être qu'il ne l'avait jamais été de sa vie, et regardait une voiture qui se dirigeait vers le château au milieu des cris enthousiastes des paysans. Dans cette voiture, le propriétaire légitime du château faisait son entrée pour en prendre possession, car les Anglais avaient été chassés de toute cette région.

Le maître du château était Jean Renault, et à ses côtés était assise son heureuse épouse, Marie de Chafleur .

annexe

Il est impossible de dresser un relevé chronologique de tous les événements de la vie de Jeanne d'Arc, car de nombreuses dates sont incertaines et certaines sont inconnues, mais celles données ci-dessous sont mesurables avec précision.

1411 Né à Domrémy , France.

1422 Henri VI. d'Angleterre proclamé roi de France.

1428 Les Voix proposent à Jeanne de couronner le Dauphin et de lever le siège d'Orléans.

1429 Jeanne se rend chez le Dauphin et reconnaît en lui le roi déguisé ; est placé au commandement de l'armée ; entre dans Orléans, le 29 avril, et force les Anglais à lever le siège, le 8 mai ; capture ensuite Jargeau , Beaugency et d'autres villes, et bat massivement les Anglais à Patay ; conduit le Dauphin à Reims et assiste à son couronnement ; est anobli, le 29 décembre.

14h30 Jeanne est faite prisonnière à Compiègne , le 24 mai.

1431 Jeanne est vendue aux Anglais et livrée par eux à l'Inquisition, le 3 janvier ; lors de son premier procès, elle est déclarée coupable d'hérésie et de sorcellerie et condamnée à la prison à vie ; lors de son deuxième procès pour « hérésie, rechute, apostasie et idolâtrie », elle est condamnée au bûcher ; sa mort, le 30 mai.

1456 Peine révoquée par le pape.

1904 Mesures préliminaires vers la canonisation de Jeanne prises à Rome.

Notes de bas de page

[1] Neufchâteau et Domremy sont tous deux situés dans le département des Vosges, en France. La première est une ville d'environ 4 000 habitants ; ce dernier, un village célèbre pour être le lieu de naissance de Jeanne d'Arc.

[2] L'un des témoins au procès de Jeanne d'Arc a déclaré : « Il existe un arbre que nous appelons « l'arbre aux fées ». Chaque année les jeunes filles et les jeunes de Domremy viennent s'y promener le dimanche du Lætare . Jeanne la Pucelle y allait comme toutes les autres filles et faisait comme elles. Même si elle accrochait des guirlandes aux branches de « l'Arbre aux Fées », elle préférait les emmener dans l'église paroissiale et les déposer sur les autels de Sainte Marguerite et de Sainte Catherine.

[3] La Meuse traverse la France, la Belgique et les Pays-Bas, sur une distance de 500 milles, et se jette dans la mer du Nord.

[4] Vaucouleurs est une ville d'environ 3000 habitants. C'est de là que Jeanne d'Arc partit pour son expédition pour sauver la France.

[5] Bois de Chêne , ou Bois de Chênes, est le nom de la forêt à la lisière de laquelle se trouve Domremy , village natal de Jeanne d'Arc.

[6] Jeanne d'Arc (Jeanne d'Arc ou Darc) est née à Domrémy , le 6 janvier 1412, et décédée le 30 mai 1431. Son père était Jacques d'Arc , et sa mère Isabelle Romée , ouvriers illettrés, mais de bonne réputation. Elle avait trois frères, Jacques, Pierre et Jean, et une sœur Catherine.

[7] Cette source, dans les dépositions des témoins au procès de Jeanne, est toujours appelée le « Puits de l'Épine ».

[8] Charles VI naquit à Paris en 1368 et mourut en 1422. Il régna quarante-deux ans, mais devint dérangé en 1392, et le duc d'Orléans, son frère, prit l'ascendant. C'est sa reine Isabelle qui prépare le traité de Troyes qui fera d'Henri Quint d'Angleterre roi de France à la mort de Charles.

[9] Après le dérangement de son frère, Louis assuma la régence en opposition au duc de Bourgogne. Il fut assassiné par ce dernier en 1407.

[10] Henri VI fut couronné roi de France en 1430, mais perdit toutes ses possessions françaises à l'exception de Calais, en raison des succès de Jeanne d'Arc. Le duc de Bedford était son oncle.

[11] Chinon , ville du département d'Indre-et-Loire, France, était une résidence royale du XIIe siècle jusqu'au règne d'Henri IV. Dans sa grande salle, Charles VII aperçut pour la première fois Jeanne d'Arc.

[12] La Hire, l'un des généraux les plus distingués de Charles VII, est né vers 1390 et est mort à Montauban en 1443.

[13] Un des anciens gouvernements du sud de la France. Toulouse en était la capitale.

[14] Agnès Sorel est née en Touraine vers 1409 et décédée en 1450.

[15] Ville du département du Nord, France, célèbre pour la fabrication de batistes , qui en tirent leur nom.

[16] Robert de Baudricourt était le gouverneur de Vaucouleurs .

[17] Gien est dans le département du Loiret, à trente-huit milles en ligne directe d'Orléans. Sa principale industrie est la fabrication de la faïence.

[18] Jeanne l'appelait « Dauphin » parce qu'elle ne le considérait pas comme un roi jusqu'à ce qu'il soit couronné.

[19] Le doute qui était jeté sur la légitimité du roi pesait beaucoup sur son moral. Ce doute, Jeanne l'a levé. Ses paroles lui sont ainsi rapportées : « De la part de mon Seigneur, je te dis que tu es véritable héritier de France et fils du Roi, et il m'envoie te conduire à Reims afin que tu reçoives ta couronne . et ton couronnement si tu le veux.

[20] Poitiers est la capitale du département de la Vienne et est célèbre non seulement pour son université, mais aussi pour sa cathédrale et le Temple de Saint-Jean, la plus ancienne structure chrétienne de France.

[21] Le duc d'Alençon était un parent du roi et était retenu prisonnier par les Anglais depuis trois ans. Il a été libéré contre la promesse d'une lourde rançon.

[22] Le duc de Bedford, général et homme d'État anglais, était Jean Plantagenêt, troisième fils d'Henri IV, et à cette époque régent de France. Il s'est distingué dans le procès de Jeanne d'Arc.

[23] Jeanne d'Arc, témoignant à son procès, a déclaré : « J'avais une bannière dont le champ était semé de lys ; le monde y était peint, avec un ange de chaque côté ; il était blanc, du drap blanc appelé bocasine ; il était écrit ci-dessus, je crois : « Jésus , Marie » ; il était bordé de soie. Parce que les Voix m'avaient dit : « Prends l'étendard au nom du Roi du Ciel », j'ai fait réaliser cette figure de Dieu et de deux anges. J'ai tout fait selon leurs ordres.

[24] Le comte Jean Dunois, dit le « Bâtard d'Orléans », est né en 1402 et est mort en 1468. Il était le fils naturel de Louis, duc d'Orléans, et de Mariette d'Enghien , et commandait alors à Orléans.

[25] C'est après la victoire de Patay que Jeanne d'Arc déclara que la puissance anglaise en France ne se remettrait pas du coup en mille ans.

[26] La tradition dit que Clovis et tous ses successeurs pendant neuf siècles furent oints de cette huile.

[27] Les ennemis de Jeanne lui ont par la suite reproché cela, affirmant que c'était la fierté qui l'avait poussée à apporter sa bannière à la cérémonie. Elle répondit seulement qu'elle avait partagé la douleur ; c'était juste qu'il partage cet honneur.

> [28] Compiègne , ville du département de l'Oise, à quarante-cinq milles au nord-est de Paris, et célèbre comme résidence royale. Son palais fut reconstruit par Louis XV et somptueusement aménagé par Napoléon Ier.

www.ingramcontent.com/pod-product-compliance
Lightning Source LLC
LaVergne TN
LVHW041745190726
843493LV00008B/2456